インチキ霊能者とホンモノ霊能者の見分け方

秋山眞人［著］
Makoto Akiyama
布施泰和［聞き手］
Yasukazu Fuse

SEIKO SHOBO

はじめに

インチキかホンモノかを論じる意味について

朝礼中に突然、火柱が出現した！

私に霊能力らしきものがはっきりと発現した最初は、中学生のときの朝礼でした。校庭にみんなで並んで校長先生の話を聞いていたときです。

「けさは眠いな」などと思いながら聞いていると、前に立っていた同級生の身体(からだ)から火柱のようなものが立ったのです。マンガの世界で、登場人物の台詞（せりふ）を表すのに口や頭から吹き出した形に描く曲線を「吹き出し」と呼びますが、その火柱はまさに「吹き出し」のように見えました。

どこの学校にも虚弱体質の人がいるものですが、朝礼中に「あっ、あの人は卒倒（そっとう）するな」というのもわかりました。赤い光がポンと出ると、その後すぐに、その人は倒れるのです。赤い光はおそらくその人が気持ち悪いのを我慢して立っていたからだと思います。その「クーッ」と我慢しているオーラが赤い光だったわけです。それが限界点に達した瞬間、ポンとはじけて倒れたのです。

私はそのような経験に最初はとてもビックリしましたが、やがてそうした不思議な現象が頻繁に見えたり、起こったりするようになっていきました。そして経験を積むうちに、意味や見方のコツもわかるようになったのです。

たとえば、電車の中では霊能が開きやすくなります。見るものが限られていて、眼球の動きが止まるからだと思います。

同じように、霊なども眼球を動かしていないときによく見えます。眼球を動かすと見えなくなります。じーっと見つめてボーッとして、眼球の動きを止めているときにブワーと見えます。

このように霊能は、私にとっては中学生のころから当たり前のようにある能力でした。ところがいざ、そのことを説明しようとすると、理解されなかったり、錯覚だとして一笑に付されたりするのがオチでした。

でも、同じような能力を持っている人は、「そうだよね」とすぐにわかってくれました。ところが、何らかの理由でその能力を封じている人は、頭から否定する傾向があることに気がつきました。

超能力少年・少女に襲いかかった〝魔女狩り〟の嵐

こうした人間の持つ不思議な能力に対する世間の関心は、〝超能力ブーム〟によって高まりました。

超能力ブームは一九七四年、スプーン曲げで有名なイスラエル生まれの超能力者ユリ・ゲラーが来日してピークに達しました。ユリ・ゲラーのスプーン曲げに感化された子供たちが、全国あちこちで一斉に〝念力〟でスプーンを曲げはじめたのです。私もその一人でした。

そのころは朝昼晩のワイドショーでは超能力ばかり取り上げていました。

「ついにパラダイムの転換が訪れた」

「物質さえ凌駕（りょうが）する精神力というものを認めるべきだ」

という論調に世間はなりました。

それまでひどく批判的だった学者たちが実際に超能力を目（ま）の当たりにして、次々に肯定派に転じるという現象も起きました。

電気工学者で日本サイ科学会会長を務めた関英男〔一九〇五〜二〇〇一年〕や、後にノーベル生理学・医学賞を受賞した利根川進（とねがわすすむ）氏〔一九三九年〜〕、当時大阪大学工学部教授だった政木和三（まさきかずみ）〔一九一六〜二〇〇二年〕といった学者たちが「コペルニクス的転換だ」などと評して、肯定的な見解を述べていました。

文芸評論家の小林秀雄〔一九〇二〜一九八三年〕も、

「超能力はあって当たり前だ。こういう現象は日本の伝統文化だ」

というような意見を述べていました。

ブームはユリ・ゲラー来日の前後を含めた半年近く続きました。

ところが、そのブームのさなか、「週刊朝日」が、当時超能力少年として最も注目されていた関口淳君がインチキをしたことを暴いて徹底的に批判して、「こういう子供たちに騙されてはいけませんよ」という一大キャンペーンを展開しました。唯物論の観点から、「精神力がモノを凌駕することなどありえない」という固定観念を世間に植え付けていったのです。

たしかに関口少年は、「週刊朝日」がやらせた実験で、こっそりと物理的な力を加えてスプーンを曲げるというインチキをしでかしました。たび重なる強引な取材で心身ともに疲れていたなど、彼にも言い分はあったでしょう。曲げる瞬間の映像を撮ることを最優先にしたメディアと、何とかその期待に応えようとする超能力少年との間に〝誤作動〟が起こってしまったのです。

だけど関口少年は実際に〝念力〟で曲げたケースも多々あったはずです。そのことは曲げた経験のある少年少女は皆、知っています。

ところが「週刊朝日」をはじめとするメディアは、今度は一斉に「スプーン曲げはインチキだ」と〝魔女狩り〟を始めました。超能力をあれほど囃したてたテレビ各局も、こぞって批判番組に路線を変えました。

その犠牲になったのは、超能力少年や少女たちでした。私が知っているだけでも、三、四百人はいました。

その後一九七五年あたりからは、「超能力などというものは元々、インチキなのだ」とするメディアのキャンペーンが計画的に張られて、「超能力は存在するか、しないか」という議論ではなくて、「超能力はインチキだから元々存在しないのだ」という論調にすり替わっていきました。

「存在しない」という言い方をすると、「なぜ存在しないか」を説明しなければいけません。すると当然のこととして、「存在するか、しないか」という科学論争になるはずです。でも最初からインチキとかトリックということにしてしまえば、そんな論争をしなくてすむわけです。非常に姑息で卑怯なやり方です。

で、「こういうトリックやインチキがありました」という実演をテレビでマジシャンたちがするわけです。その番組を観た大衆はそれを信じこみます。

しかし本文でも触れますが、マジシャンというのはインチキのプロ、嘘つきのプロなのです。科学実験だって、マジックを使って再現できます。けれども誰も、科学をインチキとは言いませんよね。だから実におかしな論調です。論拠のない否定論がはびこるようになってしまったのです。

一九七〇年代、私はまだ一〇代でした。大人たちの論拠のない否定論に反論するすべを知りませんでした。実に悔しい思いをしました。そもそものころには、私たちに話をする機会は与えられなくなっていました。インチキだと頭から決めつけられて、超能力現象の検証もされなくなったのです。

学者たちも真面目に検証することをやめ、「私たち学者に信じさせてみろ」という態度で臨むようになりました。テレビ局も「大衆が飽きて視聴率を取れなくなった番組はもうやらない」「科学的に実証されたものではないから番組にはできない」などと言い始めたわけです。

私の能力に対しても、多くの人から「やはり嘘じゃないか。そんな能力、誰が信じるかよ」と言われました。友達にも陰口をきかれ、学校でいじめられたりしました。

霊能・超能力者はいわば芸術家なのです

超能力や霊能力はこれまでもさまざまな場面で、「インチキ霊能者」「ホンモノの霊能者」という切り口で論じられてきました。肯定する側からも否定する側からも、こうした論議はよく巻き起こります。私が番組制作にかかわっていた『たけしのTVタックル』でも、その他の討論番組でも、このテーマが取り上げられてきました。

一つ言えるのは、インチキと本物を見分けるという論争は、何がインチキで、何が本物かということを、最低でもある程度吟味したうえで、そのように分けることの意味の確認がきちっとできていないと、どこまでいっても不毛の論争になってしまうということです。

実は今までにも多くの人から「この人は本物なんですか」とか「この人はニセモノでしょう」とか、何千回となく聞かれました。精神世界の分野の知識をあまり持っていない人ほど、そういう質問をしてきます。反対に、深い知識を持った人はそんなことを論じなくなる傾向があります。

それは、「本物－インチキ論争」が極めて難しいということが、深い知識や経験のある人にはわかっているからです。というのも、超能力や霊能力は誰もが持っているからです。誰もが持っている能力ですから、インチキではありません。ただしかし、その能力を上手く使えない人もいるわけです。

そこで私は、「本物の霊能者とは何か」を一言で表現するとしたら、「それぞれが画家のようなもので、料理人のようなものだ」と説明することにしています。

画家も料理人も、上手い下手があります。画家だって、たまたまその日は調子が悪くていい絵が描けないこともあります。たまたまその日、その料理人が出した料理がまずかったからといって、その人がインチキだとは言えませんよね。ある画家の描いた絵が気に入らないという理由でインチキ画家とは言えないのと同じです。

料理人も画家も、プロになれば自分の生み出すものはすごいのだという自負を持っています。そう思うのは当たり前のことで、そのためにはどんな努力でもするわけです。自負が強いがゆえに、他の料理人や画家を批判したりもします。

しかしながら、そこにある料理も、絵も、霊能も、インチキではありません。それぞれの能力の奥に、明確な共通点があるのです。ただ、表現の仕方が違うだけです。あるいは受け取る側のセンスが違うだけの場合もあります。

すると穿った見方をする学術派の人たちは、「そら見ろ、霊能者などいい加減なもので、結局言っていることに共通点や普遍性なんてないんでしょ。それはインチキだよ」と言いだすわけです。

たとえば、霊的な問題に非常に受容的な解釈を加えたカール・グスタフ・ユング〔一八七五～一九六一年。スイスの心理学者・精神医学者〕でさえ、自分自身の心理分析をこころみて、「自分自身がやっていることは芸術だ」という概念が湧き上がってきたものの、あえて自分でそれを否定してしまいました。

「私がやっているのは学問であり、芸術のように無責任であてにならないものではない」と霊的な能力を否定したのです。

だから学術的な人は、芸術のことを無責任なものとしてとらえる傾向があるわけです。表現するだけで、結果を考えていないとみるようです。

そういう傾向があることをよく踏まえて、「本物ーインチキ論争」をするべきだと思います。

私はすでに四〇年以上、このスピリチュアルの世界で生きてきました。そろそろこのパラドックスのような問題に決着をつけなければならないという覚悟を決めました。

ただしその際に重要なのは、霊能者が本物かニセモノかという議論以上に、「何が本物で、何がニセモノか」という定義そのものを明確にすることです。それはすなわち、この世界が本物であちらの世界がニセモノか、という議論でもあります。

荘子（そうし）（中国の戦国時代の思想家）が見た「胡蝶（こちょう）の夢」（蝶になった夢をみたが、自分が夢の中で蝶になったのか、それとも夢の中で蝶が自分になったのか、自分と蝶との見定めがつかなくなったという故事）のように、もしかしたらあちらの世界のほうが本物で、こちらの世界はニセモノなのかもしれません。

だからこそ、この論争は面白いのです。答えがなくて延々と続くからです。オカルトを扱ったテレビ番組が続いてきたのも、おそらくこの論争があったからです。

ですから、「ホンモノ」「ニセモノ」という激しい言葉を私たち自身に突き付けたときに、そこから何が見えてくるか、ということが重要になります。この二つの言葉の間にある「難しさ」とか「グラデーション」が何かを探ることが非常に大事です。

そのことを精神世界業界以外の人に知ってもらう必要があると考えて、このテーマに取り組むことにしました。

本当か嘘かの間に真っすぐな線を引こうとすると、えてして判断を誤り、原理主義に陥ります。本当か嘘かの切り方をしてみて、そこから本当に見えてくるものが、「能力者の深さ・深層」だということがわかってくれれば、と心から願います。

本物の能力というのはこういうもので、どうやったらそれが発現しやすくなるのか、そしてそれを人生で生かすにはどうしたらいいのか——をこの本で掘り下げられればと思っています。

本物の霊能力や超能力は実在し、それらの能力を育てる方法もあるのです。本物かどうかの最善最良の証明は、「この本を読んだ方が超能力や霊能力を使えるようになること」です。自分が実際に使えるようになれば、霊能力は本物の能力だと、必ずや確信できるはずです。

あなたも是非、霊能のセンスを身に付けて、楽しく意義深い人生を歩んでください。

インチキ霊能者とホンモノ霊能者の見分け方　◯　もくじ

はじめに
インチキかホンモノかを論じる意味について 3

第1章 インチキとホンモノの見分け方
インチキ霊能者と本物の霊能者の見分け方はあるのでしょうか? 24
霊能力や超能力は誰もが持っている能力なのでしょうか? 31
科学や宗教にも〝インチキ〟はあるのですか?
あるべき宗教やあるべき科学とはどのようなものでしょうか? 35
変な宗教やインチキ霊能者の宗教を見抜く方法はありますか? 42
本物の霊能力を真剣に調べている学者はいるのですか?
実用的な能力として使っている企業家や政治家はいますか? 48

○本物の霊能者であることをどうやったら証明できるのですか？
インチキ批判に対しては、どのように答えるのでしょうか？……53
○どうやったら本物のヒーラーを見分けられるのでしょうか？……58
○お金を取る霊能者はインチキでしょうか？……61

○第2章 霊能者・霊能力との上手な付き合い方

○霊能者にアドバイスをもらう時の心得みたいなものはあるのですか？……66
○霊能者のところで実際に相談を受ける際に
特に気をつけなければならないことは何ですか？……71
○霊能者がカウンセリングをする際に注意すべきことは何ですか？……75
○霊障害による病気はあるのでしょうか？……78
○これからの医療はもっと霊的な要因を考慮すべきだということですか？……83

◎職業ヒーラーではないのですが、共感力が強くて、人の悩みによって自分自身が苦しくなるという人がいます。そういうことはよくあることなのですか？……87
◎ジン・イーターとして、知らず知らずのうちに霊的な影響を受けて具合が悪くなってしまった場合はどうすればいいのですか？……92

○第3章 本物の霊能者になる方法

◎霊能力的なものが急に出始めたらどうすればいいのですか？……98
◎霊能力をトレーニングするにはどうすればいいのですか？……105
◎霊感なのか、ただの思い込みなのかはどう区別するのですか？……109
◎霊感を使う時の注意事項はありますか？予言で注意しなければならないことは何ですか？……113

◎潜在意識の中の「イジケ」をなくす方法はありますか？……119
◎カウンセリングして治ったと思っても、すぐ元に戻ってしまう人はどうすればいいのでしょうか？……125
◎ヒーリングをする際のコツとか注意点はありますか？……129
◎チャネリングはどうやってやるのですか？……133
◎チャネリング能力はどうやって伸ばすのですか？……137
◎オーラとは何ですか？……141
◎過去世を霊視することもできるのですか？……152

第4章
霊能なんでも相談——霊能トラブル解消します

◎あの世とつながるとはどういうことですか？……156

○先祖が祟るという話を聞いたことがあります。
ご先祖さまにはどのように接すればいいのでしょうか？……165
○お金に愛される人は霊の力を得ているというのは本当ですか？……168
○正しい祈り方のコツを教えてください？……176
○前世の因縁と体のアザとには関係があるのですか？
先祖からの因縁にはどのような姿勢で臨むべきなのでしょうか？……181
○霊能者から「あなたにはキツネが憑いている」などと言われたら、
どのように対処すればいいのでしょうか？……185
○龍神や七福神といった「神系」もこの世界には存在するのですか？……191
○「嘘をつくと閻魔大王がその人の舌を抜く」と言いますが、
霊的にはどういう意味や教訓があるのですか？……196
○寺社のお参りの方法を誤ると祟りがある、というのは本当ですか？……199
○「引き寄せの法則」と「霊能」は関係がありますか？……205

○男女関係がうまくいかないのは霊のせいでしょうか？……209
○守護霊が存在するように、悪霊も存在するのでしょうか？……214
○キリスト教が言う「悪魔」と、日本で言う「悪霊」は同じものですか？……219
○宗教にはそれぞれ、似たような力を持った神や天使が出てきます。元々は同じ力を持つ存在を別々の名前で呼んでいるだけなのですか？……223
○宇宙人は何をしに地球に来ているのですか？……226
○霊能力は、歴史的にはどう評価されてきたのですか？……231

○あとがき
精神と物質、超能力と科学……241

○聞き手によるあとがき
秋山眞人氏の秘かな反撃……246

装幀◯フロッグキングスタジオ
カバー画◯越前菜都子
本文画◯秋山眞人

第1章 インチキとホンモノの見分け方

インチキ霊能者と本物の霊能者の見分け方はあるのでしょうか？

どこがインチキで、どこが本物かを見分けることはできます。
しかしながら現実は、本物に「インチキ」のレッテルを貼って、ニセモノを「凄いね」ともてはやすケースが多いようです。

「はじめに」で述べたように、霊能者というのは、料理人や画家のようなものです。料理人にも下手な人がいますし、画家にも下手な絵描きがいます。

同時にそれは、その料理を食べた人や、絵を観賞した人の感性の問題でもあります。ピカソの絵がどうしても好きになれない人がいるかと思えば、逆に好きでたまらないという人もいるわけです。

一般の人はたしかに、誰が本物の霊能者で、誰がニセモノの霊能者かを知りたがるし、分けたがります。

では逆にその人たちに聞きますが、自分がやっている職業を、「あなたがやっている仕事はニセモノだ」と言われたら、どれだけ嫌な気持ちになるか、どれだけ失礼なことなのか考えたことがありますか、ということです。そういう認識はもつべきです。

近年、批判派と言われている人たちは、霊能者のことをまるで玩具のように扱って、茶化しているように思います。学術的に見るとここがおかしい、などという論評が流行っています。「科学評論」と称して、霊能力者を無知で主観的なビリーバーとみなすケースが多々見受けられます。

そもそも科学者は、自分たちが信ずる科学に反する事柄を批判するのが仕事のようなものですから、「批判のプロ」「否定のプロ」なわけです。

これに対して霊能者は、いろいろな人たちの悩みを受け入れて、肯定してあげて、肯定的にものを言ってあげる、ある意味、「肯定のプロ」です。やっていることが正反対なのです。

「現代社会では科学こそが最高権力だ」などとうそぶく人がいますが、その大きな権力と正反対の主張をする霊能者にだって、人間としての人権も良識もあるのです。

くり返し言いますが、それぞれの能力者は画家のような人たちです。才能がある・ないと、上手い・下手があります。どんなに霊能の才能があっても、話すと言葉足らずの人もいます。逆に才能はまるでなくても、説明だけはやたらと達者な人もいます。

アメリカにテッド・セリオス（一九六〇年代に活躍した念写能力者）という念写の達

人がいました。ホテルのドアマンをやっていましたが、この人は本物の霊能者で、凄いデータを山ほど残したにもかかわらず、晩年はアル中でみじめな生活に甘んじたと聞きます。

私は、本物であるにもかかわらず、この社会から脱落していく霊能者を実に数多く見てきました。大衆は、本物をインチキだと決めつけてはこき下ろして、ニセモノをすごいねと持ち上げる傾向がいまだにあります。

「超能力者でメジャーになるにはどうすればいいんですか」と私のところに聞きに来る人も数多くいました。でも、本物の超能力者ならそんなことは聞きません。

手品師でも、ちょっとした手品を見せておいて、〝手かざし〟をして企業経営者からお金を集めるという人が大勢います。

問題なのは、いわゆる〝インチキな人〟でも、手かざしは効果があることです。「信じる者は救われる」の類(たぐい)で、自己の信じこむ力、暗示力で「あのお方の手かざしで私の病気は治りました」と喜ぶ人も大勢出てくるのです。

だいたい三〇〇人くらい信者が集まると、どんな〝ニセモノ〟でも能力を持ってしまいます。信者が教祖に能力を宿らせるようなことが起きるのは驚異的な現象です。「環境が人を作る」わけです。

とにかく事実を見ることも調べることもせずに「霊能者はインチキだ」と断定する人がいます。

たとえば、「お金を取るからインチキだ」と言う人がいます。でも、それでは画家はインチキでしょうか、と逆に問いたいのです。

絵のキャンパスの原価は一〇〇〇円くらいのものでしょう。そこに絵を描いただけで、一〇億円という値が付くこともありますが、だれも詐欺師だなどとは言いません。ピカソやシャガールが詐欺師でしょうか。それと同じ話です。

人間はモノではなく、サービスとエネルギーにお金を払うことが多いのではないでしょうか。当然、職業霊能者であれば、それにふさわしい対価は支払われるべきです。

昨今アメリカで高い視聴率を誇っているテレビ番組で、アイドルオーディション番組の「アメリカン・アイドル」のサイキック版があります。「サイキックを探せ」というような番組です。

出場希望者は番組ホームページで「当てもの」を的中させると大会への参加権を得ます。本選では、初めて会った人のことを数分間でどれだけ言い当てられるかなどを競います。勝ち抜いていくと、勝ち抜き者に見料が視聴者によって査定されて、出場料として支払われるシステムになっています。なかには数万ドルもの高額を受け取る人もいるようです。

本物とニセモノを見分けるのは表面的には難しいものです。というのも、一般の人が思っている「インチキ」と「本物」の意味が違うからです。また、概念そのものが間違いであったりします。

当てもので言えば、本物でも間違えます。でもインチキでも当たるのです。

インチキなのか本物なのかという光を両側から照射して、その結果、事実を並べたうえで何がわかるのか、まで到達することが重要です。

科学者に言わせれば、霊能者の存在そのものが科学と矛盾しているからインチキだと主張するでしょう。「本物なんかいるわけがない」と彼らは考えています。霊能者がやる技は全部、トリックだとしか思わないでしょう。

心理学をかじった人は、霊能者なんて「コールドリーディング」をやっているにすぎないと指摘するでしょう。コールドリーディングとは、外観を観察したり何げない会話を交わしたりするだけで、相手のことを言い当てる話術のことです。

手品師は能力者のやることは皆、手品でもできると主張するでしょう。

その現代マジシャンの元祖であり、「脱出王」の異名をとったハリー・フーディーニは、こんな遺言を残しました。

「私が死んだ後、霊界からメッセージを送るから、そのメッセージを基に暗号文を解いた者がいたら、その人は本物である」

するとフーディーニの死後しばらくして、見事、暗号を解いた霊媒（れいばい）が現れたそうです。

そういうことが起きてしまうので、「本物－インチキ論」は続いているわけです。

マジシャンが嘘だと言ったから嘘だと信じる人もいます。だけど不思議なのは、マジシャンはトリックで人を騙すのが仕事です。つまり、〝嘘つきのプロ〟なわけです。その嘘をつくプロが「嘘だ」と言った話を鵜呑（うの）みにしてどうするのかと、私などは少し心配になります。

たしかにマジックは超能力と同じことを似せて実演することができます。でもそんなことを言ったら、科学実験だって、マジックで似せて実際に見せることができます。でも、科学実験のことを誰もインチキとは言いませんよね。

インチキか本物かという論拠そのものが、インチキの場合が実は多いのです。

霊能力や超能力は誰もが持っている能力なのでしょうか？

誰もがみんな、そうあなただって、霊能力や超能力を持っています。

しかもそれを使うことの恐怖心や不安や疑念を取り除きさえすれば、誰もが発現させることができる能力でもあります。多い・少ない、上手(うま)い・下手(へた)はともかく、皆が潜在的に持っている力であるわけです。

その中で本物と言われる人たちは、たくさんある超能力や霊能力の中で突出したものを何か持っている人たちです。ただ、それを持っているからといって、人間を超越した神のような力ではないということも知っておく必要があります。

間違った論議でよく、「超能力を持っているのだから何でも分かるはずだ」と議論を仕掛けてくる人がいます。私も眼鏡をかけているだけで「自分の視力は治せないのか」とさんざん言われました。風邪を引いて病院に行ったら、「秋山さん、超能力者のくせに自分で治せずに病院に来るんですか」と言われたこともあります。

逆に高熱にうなされて大変な体調でも、ヒーリングで素晴らしい結果が出たこともあります。

能力者であっても、人間としての快・不快は、普通に人間として感じます。そこが超越したり、神のように万能であったり、聖者のようになったりすることはありません。ごく普通の人間です。私がこの世界を見た限り、人間を超越した聖者など一人もいません。

音楽家が突出した才能を持っているように、あるいは画家が天才的な絵を描くことができるように、科学者が批判する能力に長けているように、能力者も何らかの突出した能力を持っています。

当然、そうした霊能力や超能力は、グラデーションこそあれ、誰の中にも存在します。そういう能力をきちんと受け入れて、学問的教育機関で教育したら、ちゃんと開発することもできます。直感スペシャリストを養成することもできるし、アメリカやロシアの政府機関が競って研究してきたように、「遠隔透視」や「テレパシー能力」を開発することもできます。

そろそろ超心理学の分野は、「有る・無い」論争から離れて、そうした人たちを養成する教育機関をつくる時代が来ているのではないでしょうか。不毛な論争に明け暮れるのではなく、教育の方法論や訓練方法に切り込んで研究すべきです。それこそが一番の証明になるはずです。

ところが、超心理学の学者たちはそういう前向きなことはしません。ただ椅子にふんぞり返って、能力者に対して「私の批判能力はすごいんだ。私を信じさせてみろ。説得させられないならインチキだ」と言い続けているわけです。

このところ、テレビ番組もそういった超心理学の批判派のアドバイスを中心に番組を作ることが多くなってきたために、とんでもなく偏(かたよ)った批判で締めくくる超常現象番組も出てきています。

彼ら研究者やメディアは、すでにある権威を守ることに血眼(ちまなこ)になっています。批判するだけで、自分は批判される立場には絶対に立たないようにします。

でもそういう姿勢は、教育者としてはどうでしょうか。ユングが芸術を無責任と言ったように、そういう立場こそ無責任極まりないでしょう。批判ばかりしている人間は本当に無責任です。それは社会もよく知っているはずです。

霊能力や超能力は、人間なら誰しもが持っている能力です。批判や否定から入ることはもうやめて、実用的な能力として研究し、実践する時代に来たと思います。

科学や宗教にも〝インチキ〟はあるのですか？
あるべき宗教やあるべき科学とは
どのようなものでしょうか？

科学や宗教にも精神世界と同様にインチキはあります。絶対にあります。

でも根本的な問題は、何がインチキかではなく、どこがインチキかなんです。インチキと本物はどこの中にも混在しているからです。そのインチキが意図的なインチキだとすると、どういう意図が働いたのか、無意識的なインチキだとすると、どこで間違ったのか、それを正していけばいいわけです。

インチキがはびこるのは、騙される側と騙す側の両者の不勉強から来ている場合が多いようです。つまり、「すべてが正しい」「すべてが間違い」などという見方に問題があるのです。

人を騙して、何年も君臨していられるわけがありません。人間の自浄機能はすさまじいものがあるからです。そして、騙される側も同じように滅びていきます。だから私たちも、騙されないように勉強し続ける必要があるということではないでしょうか。

私も騙されたことはたくさんありますが、自分の見栄（みえ）や恐れに嘘は忍び込むものです。騙されない研究は、とても多くのことを教えてくれます。

今はうお座の時代の後半期であると言われています。ユングによれば、キリストが予言したとされる反キリスト的な「獣」が現れる時代とは、アイザック・ニュートン〔一六四二～一七二七年。イギリスの物理学者〕やカール・マルクス〔一八一八～一八八三年。ドイツの経済学者・革命家〕が出てきたあたりであるといいます。ある意味それは、反キリスト的な批判主義が貫かれた時代でもあったからです。

ニュートンはキリスト教の聖書を、自分なりに科学で理論武装して教義的に説いた面があります。マルクスも唯物論的にはキリスト教と真っ向から対立しますが、宗教を否定したわけではありません。宗教は敵ではなく、「宗教はアヘンである」としただけです。完全には敵視していないように思います。

それでも彼らの台頭によって、おおよそ唯物論的に批判する科学が宗教を凌駕したというのも、あながち間違いではありません。

別の言い方をすれば、科学の批判主義は重要な〝宗教〟になったわけです。批判主義は、キリスト教をある意味凌駕しました。批判主義という〝宗教〟は、世界宗教ランキングで第一位になりました。では、それが正しいのでしょうか。

正しいとは言えないことは、科学がもたらした結果を見ればよくわかります。暴走する科学が大量殺人兵器を生み出して、世界の人々がわかっているがやめられない戦争主義からの脱却を難しくさせているという事実があります。

原子力も、怖いものであることは皆がわかっているはずです。しかし、わかっているけどやめられない甘美な世界を作り上げたのもまた科学です。

アメリカが「夢の原子力」や「夢の宇宙開発」政策を打ち出した、イケイケの一九六〇年代。その基礎を作ったのは、ナチスで研究していたドイツの科学者たちでした。アメリカがナチスの科学者をごっそりと連れてきて、「夢の世界」を作らせたのです。

彼らは一方的に思い込んだら危険なことをする前歴のある学者たちでもありました。その一人が偉大な「宇宙ロケットの父」で、「宇宙に行くためなら悪魔に魂を売り渡してもよいと思った」と語ったヴェルナー・フォン・ブラウン〔一九一二～一九七七年。ドイツ生まれのアメリカのロケット工学者。ナチス時代にV2号ロケットを開発したことで知られ、アメリカでは初の人工衛星の打ち上げを成功させた〕だったわけです。〝獣〟と言ってしまえば、それまでですが。

それでも私は、科学が〝獣〟だとは思いません。科学はちゃんと実績を積んできて、批判主義もここまでやってきました。しかし、本来の人間の心の癒(いや)しという面においては、今の科学では残酷なまでに力不足です。

私はこの癒しこそがとても大事だと思っています。くたびれ果てたときとか、絶望したときに、その人の気持ちのそういう状況を、きちんとすばやく理解して汲み取る能力と、かつ同情するだけでなく、その人が喚こうが暴れようが、その人に問題をしっかりと提示して問題意識を持たせて、そこからすばやく抜け出す方法論を提示する能力を持っているのが、能力者です。

能力者はそれがとても上手です。それがどこまでできるかが、「本物－インチキ論」とは別の「腕前」なわけです。そういう側面があります。

これに対して本物の宗教は、全人類を幸福にすることが仕事です。全人類に幸福を与える運動は宗教がやってください。そのために教祖はいくらでも犠牲になってください。本当に社会が変わるような幸福化運動をやるのなら、それは正しい宗教と言えるかもしれません。

信者もそれを信じて、その教団に多額のお金を払うには、それなりの責任感を持ってください、と言いたいです。一方的に偏った原理主義で運動していませんか、と常に自問してください。自分の宗教を信じない人たちと、どのように寄り添っていますか、と常に自問してください。それによって、宗教団体の本物さやインチキさが非常によくわかるのです。

昭和三〇年代は教団同士がテリトリーゲームをやっていた時代でした。「他の教団に勝て」とばかりに、非常に過激な布教をしていたケースもありました。

若いときの話ですが、宗教にはまってしまって、そこから離脱できなくなった同級生を駅まで助けに行ったことがありました。

その同級生は、ある教団の信者のとても恐ろしい連中に取り囲まれて、脅（おど）されて泣いていました。私は「お前ら、帰れ！」と叫びながら教団の連中を追い払って、何とか同級生を救い出しました。昔はひどかったです。殴る蹴るもあって、やくざよりもひどいケースを何度も見ています。彼らは精神世界にも乱入して大暴れしていました。

当時は学生運動で過激な実力行使をしていた人たちが、その乱暴な気質を持ったまま宗教団体に入って宗教のバリバリの布教者になったケースも多く、そうなるのも当然と言えば当然でした。半ば脅して説得する。半強制的な説得が布教の時代でした。

そうした昭和三〇年代ごろから大きくなった教団でも、今では信者も高齢化して、若い人もなかなかついてこないという状況になりました。

そのため今では、ほかの宗教に対してや、信じない人たち、それに社会に対して、非常に寛大で受容的になってきています。かつての自分たちの行いをちゃんと反省して、時代に適応している教団も少なくありません。

だから宗教が一概に悪いというわけではありません。ただ、今でもそういう側面を見せて社会問題を起こしている宗教団体と同じことをするのであれば、それは決して許されないことです。

逆に大変であっても、悩んでいる人に寄り添ったり、アドバイスしたりしながら、一つひとつ実績を積み上げていっている宗教団体なら必ず許されるでしょう。そうしない限り、宗教が信用を築いていくことはできないはずです。

変な宗教や
インチキ霊能者の宗教を
見抜く方法はありますか？

すべての人の幸せを目指す宗教かどうかを見極めることです。他の宗教を批判したり、蔑(さげす)んだりしている宗教には注意が必要です。

ただし、初めに断っておかなければならないことは、宗教と霊能力とは別のものだということです。宗教を求める人は、必ずしも霊能力を求めているわけではありません。宗教と霊能力は分けて考えるべきです。

別の言葉で言うと、宗教は霊能力や超能力を利用してはいけないと思います。宗教の役割は、人の心を整理することではないでしょうか。宗教は人を幸せにすることが仕事です。

これに対して霊能力や超能力は、必ずしも人を幸せにするものとは限りません。だから能力者で自殺してしまった人もいます。霊能力が霊能者自身を幸せにしない場合もあるわけです。だから、霊能力・超能力と幸せとは別のものです。

もちろん幸せのために能力を応用することはできるかもしれません。でも、基本的には別のものと考えるべきです。能力を持ったからといって幸せにはなりません。むしろ大変なことのほうが多いです。

オウム真理教事件のときも、事件の反動でメディアはオカルトを徹底的に叩きました。超能力もメディアでは取り上げられなくなりました。しかしこれは実におかしな態度でした。

たしかにオウム真理教はオカルトを悪用しました。でもそれで、オカルトそのものを叩くのは間違っています。宗教と霊能力は全く別のものだからです。宗教とオカルトは分けて考えるべきです。

だから宗教を評価する場合は、どれだけ人を幸せにしたかという技術を見るべきです。そこを見誤らなければ、変な宗教に引っかかることもないと思います。

宗教の定義ははっきりしています。「信者がいること」「教義・経典があること」「教祖がいること」です。だから教義・経典や教祖が皆を幸せにするかどうかを吟味すればいいだけのことです。

宗教を見る上で一番重要な点は、自分の宗教を信じる以外の人、すなわち彼らから見れば「異教徒」を批判したり、恨んだり、軽んじたりしていないかどうかです。そのようなことを言ったりしていたら要注意です。そのうえで、社会に対して圧力をかけたり、騙してお金をまき上げたりしていないかどうかを見ればいいのです。

宗教というシステムで怖いところのもう一つは、先にも述べましたが「インチキが本物になる」場合があることです。たとえば超能力を説くインチキ宗教があったとしましょう。信者が集まって来ました。その信者の数が三〇〇〇人を超えたあたりから、信者の信念によってインチキな教祖でも予言が当たったりすることがあります。

ここが面白いところです。信者という集団は、集団的念力によって教祖を本物にしてしまうことがあるのです。

この場合、詐欺師まがいの人間を、信者がどんどん加速度的に信じてホンモノの教祖に祭り上げていくわけです。するとその教祖は、信者にコントロールされて、身動きが取れなくなっていきます。実は、これは全員が不幸になるパターンです。超能力が生まれたのに、全員が不幸になります。幸せにするためのシステムのはずが、不幸を生み出すシステムに変質したことになります。

ほかにも、非常に邪悪な霊的なもの、見えない意思を持った存在が、教祖とか教団の人々の心をうまくコントロールしてしまうようなことも実際に起こります。社会の集合無意識のようなものが、社会の必要悪として宗教を誤作動させるようなこともたくさんあります。

オウム真理教事件などはまさしくこのケースだと思います。というのも、オウム真理教が台頭して大きくなってきたのは、「暴力団新法」（対立抗争や民事介入暴力などの暴力団員の反社会的行為による被害から国民を守るため、一九九一年に制定公布され、翌九二年三月一日から施行された法律）が決まった直後くらいからでした。この暴力団新法によって、暴力団が生業としてやってきた恐喝や恫喝などができにくい時代になりました。

その際、宗教というシステムを利用させてオウムをコントロールしながら、暴力団に代わって社会的な恫喝や、〝ヤバい薬〟の仕入れや、兵器の輸入製造などをやらせようとして、あの教団に巨額の資金を提供した人たちがいたと言われています。だからあれだけ大きくなったわけです。

暴力団のほうは巧妙に隠れて、対抗措置として企業舎弟をつくって活動するなどの〝構造改革〟を進めました。そのため、その「必要悪」の部分がぽっかりとエアポケットのように空いてしまったわけですね。それによって、社会の権力を持った人たちが、社会に対してある種の恫喝的意味を持つ社会集団を求めるような状況が生まれたわけです。

その中でオウムが勢力を伸ばしていきました。

もちろん、すべてがそのせいとは言い切れませんが、オウムが社会的に誤作動していく要因の一つであったと思っています。

オウム真理教は、単に社会にたくさんの犠牲者を生んだインチキ教団だとする見方もあります。でも、社会もそれを受け入れていませんでしたか、誰かが利用していたのではないですか、と問うことは非常に重要なことだと思います。

オウム事件が終わった後、今度はオウムを批判することで自分たちの教線(布教活動)を拡大した団体もいくつかあります。そういう教団の信者の弁護士がテレビに出ていませんでしたか、とも思います。

それなのに、オウム事件をすべてオカルトのせいにしてしまう風潮が生まれたのは、本当に残念なことです。そういうことは一切やめてもらいたいと思います。社会の不勉強とインチキさこそ、皆で自己反省すべきなのです。

本物の霊能力を真剣に調べている
学者はいるのですか？
実用的な能力として使っている
企業家や政治家はいますか？

昔から真剣に霊能力や超能力を研究している学者はいました。
企業家や政治家の中にも、本物の霊能を求めて
大マジメに能力者の門を叩く人は大勢います。

しかし最近困ったことに、そうした霊能者と二人三脚で研究を進めていた唯一の分野である超心理学が揺れています。私も長い間、超心理学の先生たちとお付き合いをしてきましたが、ちょっと変質してきました。

超心理学には二つの流れがあります。

一つは、超能力とか霊能力を統計的に研究したいという人たちの流れです。

もう一つは、電子工学的な機器を駆使して霊能力という力を数字的に測定したい、または「念力発生器」とか「霊感マシーン」みたいな機器で再現したいという人たちの流れです。この中には、「霊界電話」を作りたいという人もいます。超心理学という分野を認めようという動きもたしかにあります。

それが今現在どうなったかというと、いくつかの大学でも超心理学の分野の博士号は取得されていますが、よくよく調べてみると、主流の学者たちには元マジシャンだった人が多いのです。マジシャンが大学で勉強し直して、超心理学者になるケースが意外とあります。で、彼らが何をやるかというと、「私は超心理学者です。霊能者の皆さん、私を信じさせてごらんなさい。私のところに来れば徹底的に検証してあげます。そして批判してあげます」というわけです。

たしかに学者の態度としては間違っていません。批判するのが仕事ですから。しかし、生身の人間を被験者として扱う超心理学の学者たちがこうした姿勢を取ることは由々しき事態です。能力者はそのような学者たちには協力しません。

そうした学者たちは、自分たちの態度がどれほど能力者に対する人格否定であるかを理解していません。私たち能力者の存在否定そのものであって、日本の伝統的な精神文化や能力者の尊厳を無視しています。本当に失礼なことです。しかもその認識を彼ら学者たちは持っていません。マスコミに出て、霊能者を茶化す人たちも同様です。

一九七四年のスプーン曲げブームのときも、そうした心無いメディアの批判によってどれだけたくさんの子供たちが人格破壊され、社会から拒絶されたことか。なかにはノイローゼに近い状態になって精神的に病んだ子もいました。過去には自殺してしまった能力者もいるわけです。犠牲者は一人や二人ではありませんでした。こうした事実をどのように考えているのでしょうか。

学者たちは人権うんぬんとよく口にします。しかし、能力者を人格否定している学者に人権の話をする資格はありません。この問題に関しては、研究する学者側にも非常に問題があると思います。

某公共放送局でも、最近オカルト的なことを番組で取り上げるようになりました。その番組を見ていると、必ず最後は否定的なコメントで終わります。なぜそうなるかというと、能力者に批判的な学者の意見を聞いて作ってしまうからです。番組制作サイドが能力者をきちんと正しく取材しているとは、とても思えません。

その一方で、メディアの上層部も、広告代理店の役員も、医者も、学者も、自分が困ると霊能者のところにやって来て、相談をもちかけます。番組などでは否定的なことを言っているくせに、困ると頼りにするのです。私たち能力者はもう、それを笑って見ているしかないのが本当の姿です。有力な政治家も足しげく相談に来るのですから。

たとえば、某国の大統領が怪しい女霊能者に頼っていた事件がありました。メディアはそれを叩いて、大統領は罷免されました。だけどその国には、政治家や企業経営者が霊能者に頼るという長い歴史があったわけです。

私の事務所にもよく企業経営者が来ます。しかも何度も何度も通ってきます。もし私がいい加減なアドバイスをしていたら、その人たちは一度か二度来ただけで、もう私のところには来ないはずです。特にビジネスの世界はシビアですから。儲かるか儲からないかの戦いを常に繰り広げているのがビジネスの世界です。

政治家も同じです。うまくいくかいかないかの選択を毎日やっている人たちです。

そうした厳しい世界にいるプロたちが霊的能力を大切にするということは、それが本物であれば極めて実利的であることを知っているからです。霊能者のアドバイスによって、いい決断ができるから来るのです。

本物の霊能者であることを
どうやったら証明できるのですか？
インチキ批判に対しては、
どのように答えるのでしょうか？

安定した能力者というのは、
ある程度安定してアドバイスができる人のことです。
自分の心を常に豊かに耕しながら、学問的な勉強もしっかりとしていて、
長く職業能力者を続けている人なら〝本物〟と言っていいかもしれません。

「お金」と「心」は連動します。私たちにとって〝本物〟の能力者であることの一番の証明は、長い期間の中で、せめてプロであれば七割以上の確率で正しい判断を下せるようにアドバイスすることができることです。

もちろん七割では完璧とは言えません。それでも、たとえば株式相場を予測する人たちでも、あるいは競馬や競輪などの賭け事を予想する人たちでも、七割も当てられる人はいません。

私も昔、ある人に頼まれて、賭け事をしたことがあります。当然、普通の人よりも高い確率で当たりますので、大きく儲けることができた経験があります。ところが面白いことに、自分のために賭け事をやったりすると、当たらなかったりします。株や賭け事

は、自分のためにやろうとすると、当たらなくなります。

だから、当たるか当たらないかだけで能力者の力を判断しようとすると、間違えることがあるのも事実です。

もう一つ注意すると、これを宗教団体にしてしまうのとはわけが違います。宗教法人法は本来、社会適合できない、センシティブな能力者を法律的に守ったり優遇したりするという側面があって制定された法律です。しかし昨今の宗教法人の教祖然としている人たちに、どれだけ本物の能力者がいるかとなると、大きな疑問が生じます。

ところが批判派の人たちは、宗教法人にしていない、在野の能力者をつつき回して批判する人はとても多いのですが、宗教法人に対して批判の矛先を向けることをためらう傾向があります。

在野で堅実にやっている能力者を叩くひまがあるなら、とんでもない大金を稼いで、とんでもなく豪華な建物を日本全国に建てて君臨している宗教団体の教祖がどこまで本物なのか、それを徹底検証してもらいたいです。しかし批判者は、自分たちの身が危ないから、宗教団体の教祖を批判したりしません。

逆に言うと、どれだけ批判派の人たちがインチキなのかは、そういうところではっきりしてくるはずです。これはインチキ批判派の見分け方になりますね。

批判派の学者たちは、既存の巨大宗教のインチキぶりを否定したり批判したりしません。もちろん、巨大宗教の中にも本物の能力者はたくさんいるのかもしれません。けれども、彼らの批判の仕方は、あえて社会的にバックボーンのない、細々とやっている能力者にだけ刃（やいば）を向けて、社会的立場を危うくするような一方的な批判をするわけです。科学者は批判のプロですから、あえて科学的と言われるような、もっともらしく聞こえる言葉をちりばめて批判します。そのような批判は卑怯（ひきょう）であり、私から見ればインチキです。

大体、インチキな人のほうが、科学的なトリックや言葉は上手です。手品師が能力者を批判するときもそうです。私は世界的に有名なマジシャンにも何人か会ったことがありますが、そういう本物のマジシャンは超能力のことを批判したりしません。むしろ世界に打って出られないような、日本の一部でしか名が売れていないマジシャンが、軽はずみにメディアで能力者を批判するケースが多いように思います。

何度も言いますが、マジシャンは人を騙すプロです。科学者は人を批判するプロです。その二種類の人間の話を聞いて、能力者批判を信じる大衆とはいったい何なのかという思いがあります。

「本物―インチキ論争」をする前にまず、長くて理不尽なこうした批判の歴史があって、能力者はそうした批判に対して反論する気すらなくなっているという事実を一般の人には基礎知識として知っておいてもらいたいです。

マジックも人の錯覚を利用した芸術だと言えばいいのです。彼らは芸術家ですから、超能力や霊能力については素人(しろうと)です。そのような素人が、ちゃんと勉強もせずに口を出す話ではないはずです。

どうやったら本物のヒーラーを見分けられるのでしょうか？

ヒーリングの能力は誰しもが持っています。ですから〝本物のヒーラー〟を見分ける方法は、とりあえず確率論しかありません。

安全性で考えるのでしたら、原理主義的なことをあまり言わない相手を選ぶことです。こうしなくちゃいけないとか、やたら原理原則をひけらかす人は要注意です。

最近は一般の個人でもネットで簡単に宣伝できるようになりました。すると「にわか霊能者」みたいな人も現れます。やたらネットにコマーシャルを出していて、「私は除霊できる」とか「ヒーリングでガンを治すのも簡単なのよね」とか宣伝している輩（やから）もいます。「ガンを治す」なんて書いたら、今すぐ医師法違反で逮捕されてもおかしくないわけです。

ヒーリングでも「治す」「楽になる」「良くなる」と書いただけで、医師法違反になります。つまり平衡している健康状態が少しでも良くなると言えば、インチキとされるわけです。そう言いたくなる気持ちはわかります。しかし実績がたくさんあっても、それは法律で禁止されています。

　そこで、逆に医者が霊能者の研究をするケースも増えています。あるいは病院に霊能者が従事しているケースもたくさんあります。医者の采配力は大きいのです。問題なのは、心無い一部の医者が変な霊能者と組んだり、自分に霊能力があると錯覚したりして、変な治療をやってしまうことです。そのようなケースも報告されています。

　また、妙に言い切って怒ったり、感情的になったり、上から目線だったり、あるいは「神がこう言っている！」とか、権威があるとされるものの力を借りて断罪的にものを言ったりすることがあまりにも多い人は、気をつけたほうがいいです。

　そのときの留意点は、その人の激しい催眠術に皆、かかりやすいということです。

　そうした激しい催眠術をかける人がかつては大勢いました。でも、そういう人のところに行く時代は終わりました。それでもそういう能力者のところに行くようなら、もう破滅してくださいと言うしかありません。そういう能力者は人を破滅させてお金をまき上げます。社会常識的という視点でその人を見ればわかることです。

　霊能者のところに行くのだったら、少なくともその霊能者のことをよく調べてから行くべきです。

お金を取る霊能者はインチキでしょうか？

お金を取ってもいいのです。まったく問題ありません。

お金の問題をよく言う人はいます。「お金を取る霊能者はインチキだ」と。しかしそれは、どう考えてもおかしいです。

私がよく引き合いに出すのは、ピカソの絵です。ピカソの絵は何十億円の世界です。だけど、材料としてはキャンパスと絵具だけで、何千円か、何万円しかしません。それを何十億円で買わせているわけですから、それは悪質な霊感商法ですか、と聞きたいです。霊感商法とはいいませんね。

同様に、政治家のところにも金品を持って陳情に行く人がいますが、悪質な霊感商法とどこが違うのですか、と聞きたいです。金品に見合う便宜を図ってくれたのか、本当に役人が忖度(そんたく)しているかもわからない、キツネとタヌキの騙し合いの世界です。政治家も陳情者も、金品の授受と便宜供与が立証されれば捕まってしまいますから、わざとインチキであいまいな世界を作っているわけですね。

そうしたインチキな世界の話はさておき、霊能者のアドバイス料や顧問料は基本的に明記されている場合が多いようです。弁護士の料金やお坊さんへのお布施とかに比べたら、はるかに明瞭です。金額もちゃんと明示されていて、どのようなサービスを提供するかも書かれています。そのサービスに満足して決められた金額を喜んで払うのであれば、まったく問題はありません。

繰り返しになりますが、「お金」は「心（感情）」と一致します。楽しいサービスを受けられたのなら払う。幸せな気分のサービスだったら払う。それでいいのです。気持ちの悪いまま、不安なままお金を払うのだったら、最初からやめたほうがいいです。

だからサービスを受ける側も「ほかの人に勧められたので来てみました。お金、払いました」ではいけないわけです。後になってから「あなたはインチキだから、弁護士に相談して告訴することにしました」という人も多いです。そういうケースは、ずっと他者に依存しながら生きているその人自身の問題であり、霊能者の問題ではない場合も多いです。

世の中にはクレーム・モンスターのような人たちがいて、多くの霊能者のところを回っては嫌がらせをすることがよくあります。だから大物の霊能者の間では、札付きのクレーマーは誰もが知っているし、名前や住所もわかっています。

一方でマスメディアは、クレーマーの言うことだけを取り上げて過大報道をする傾向があります。

マスメディアのいけないところは、非常に傲慢(ごうまん)な面を持っていることです。「おい、誰かクレーマーを探してきて記事にしろ。そうすればあの霊能者をつぶせるから」みたいなことを平気で言います。

逆に「信者の二、三人にインタビューして、あの教団をヨイショしてやれ」とか、傲慢にもそういうことができると思っているふしがあります。

でも、このところメディアや弁護士、司法関係者でも霊能力を守らなければという視点に立つ人が増えてきたのは嬉しいかぎりです。

ともかく私たちとしては、意図的な情報操作ではなく、その能力者の人間性や人となりに迫ってほしいわけです。良い面も悪い面も見てほしいというのが私のお願いです。

第2章 霊能者・霊能力との上手な付き合い方

霊能者にアドバイスをもらう時の心得みたいなものはあるのですか？

少なくとも、占いや霊能を楽しむ姿勢が、それを受ける人にも必要です。

楽しさは楽しい結果をもたらし、悲壮感は悲壮な結果を呼び込むことが多いからです。真摯(しんし)な問いには真摯な答えが返ってきます。そうした楽しむための予備知識くらいは持っていたほうがいいと思います。

逆に、霊能者が一番困る質問は何でしょう。「私はどうしたらいいでしょう」と聞かれるのが一番困りますね。いわゆる〝丸投げ〟です。

霊能者から見れば、この人は丸投げしておいて、後でその結果を評論するだろうということがわかりきった質問なのです。それは最低の質問でもあります。自分の人生にさえ責任感を全く持っていないのだなということがはっきりとわかる質問です。こういう人は、霊能者から一番嫌われます。

もう一つ、霊能者から大変に嫌われる質問があります。「私はこうしたいんですけど、それが上手(うま)くいくように、必ずしてください」という要求的な質問です。一〇〇%成功を保証しろというわけですね。これも丸投げです。それも我(が)の強い丸投げです。でも、なんでも一〇〇%成功させるなんていうことは、神様でもやりません。

こういう質問をする人は、どちらも後に「困ったちゃん」になる確率が高いです。特に前者の質問をする人が非常に多いのが実情です。

そのような人に私が「今までやってきた仕事の中で、得意だったものは何ですか」「小さいときになりたいと思った職業は何ですか」「今ある環境の中で勉強できる知識は何ですか」などと聞いたとします。そのうえで、「ではちゃんと勉強して、もう一度仕事をやり直すことはできますか。できるのならば、そうしたらいいのではないですか」とアドバイスすると、〝丸投げ〟系の人は大体次のように言います。

「私にできますか、それは?」と。

そうしたほうがいいのではないかとアドバイスされて、間髪いれずに「私にできるでしょうか?」などと評論しているようでは、絶対できません。「わかりました、やります!」でなければ、絶対できません。

仮に私がその人に「あなたは成功しますよ」と言ってあげたとします。すると、その人は「えっ、私って成功できるんですか?」と必ず聞き返すでしょう。成功する人は「成功できますか?」とは聞きません。ここに答えがあるのです。すべては自分のやる気で決まります。他人が言ったから成功するわけではありません。そのことに気がつかなければならないわけですね。また霊能者もそのことに気がつくように、うまくアドバイスしなければいけません。

成功する人は、既に成功するプロセスを考えながら行動しています。たとえば「成功するためにこういう努力をしているのですが、問題は二つあります。この二つの問題はそれぞれどう解決したらいいのでしょうか。一つはこういうやり方があり、もう一つはこういうやり方がありますが、その方法論ではどうでしょうか」と聞くのであれば、その人が成功する確率は高くなります。というのも、この段階まで来れば、私たちも微に入り細に入り答えやすくなるからです。

きちんと礼儀正しく門を叩く人は、それなりの答えが返ってくるようにこの世界はなっているのです。真摯な態度は真摯な結果を生みます。

ところがよく見ていると、いきなり門に激突する人や、門を叩きもせずに開くのをただ待っている人など、ちゃんと門を叩かない人がいます。そういう人はチャンスがすぐそこにあるのに、何万年も置いていかれてしまう人です。何回生まれ変わっても、その人が何をやりたいのか、霊能者にもわかりません。

霊能者を活用するのであれば、やはり信用できるスピリチュアル指導者を探す努力をするべきです。つまり自分の心をきちんと整理してくれる、優良な先生としての霊能者を探すべきです。

その際は頼りすぎないことです。ちゃんと敬意と礼節を持ってその霊能者に会って、真摯にアドバイスを求めるということです。それは真剣勝負です。その人の心の状態がそのまま現れるのがこの世界の法則だからです。

霊能者のところで実際に相談を受ける際に、特に気をつけなければならないことは何ですか？

霊能者のことをちゃんと調べ、実力を見極める努力をすることです。

霊能者の中には「私は邪霊(じゃれい)にコントロールされて大変なんです」などと平気でブログに書く人がいます。そういう人には「もうやめなさい」と言いたいです。「あなたは霊能者にはまったく向いていないし、カウンセリングしてもダメだし、ましてや他人の運命を変えるようなこともできない」と言うしかありません。

霊的な体験についての受け答えを見れば、その霊能者の実力がわかります。

「念を受ける、受ける」としょっちゅうみんなの前で言ってしまう人は、ものすごく被害者意識の強い人です。自分の被害者意識と霊的に影響を受けることが、自分の脳の中でつながってしまっているわけです。そこまで行くと、一種の精神的な疾患かもしれません。霊能よりも心療内科の領域です。そういう自称・霊能者もとても多いです。

また、「念を受ける、受ける」と言って、相談者を恫喝(どうかつ)するケースも多いです。「胸が気持ち悪くなったのは、あなたの念のせいよ」などと言って脅すわけです。

そもそもせっかく相談に来たのに、そんなことをいきなり言われたら不愉快ですよね。

霊能のプロ以前に人間として失礼なことです。

「私の身体で問題はありますか」とか「心の使い方で悪いところはありますか」と真摯に聞かれたら、私なら失礼にならないように答えようとすごく気を使います。

正直に言うと、ものすごく深い問題を持っている人が相談に来ると、激烈に体が痛くなります。でもなるべく、私はその人の前ではそのことを言いません。後述するジン・イーター（ヒーラーの一種）としてまず癒しします。それが私の務めですから。

難しい霊的手術をやると実に疲れます。でも「ほかの患者の手術でくたくたになったけど、あなたの手術もします」とは医者は患者に言いません。それと同じです。そんなことを言われたら、嫌ですよね。それは言わないのが礼儀です。

医者の例を挙げたので、ついでに言わせてもらいますが、医者はある意味すごいなと思います。

なぜなら医療の世界では、セカンド・オピニオンといってほかの医者を紹介することがあります。でもきっと、医者はほかの医者に意見を聞かれるのは嫌なはずです。「ほかの医者にも意見を聞いてみます」と医者の前で言うのは、これも失礼な話です。

だったら、「ちゃんと調べてから来なさい」と思います。患者はただでさえ医療関係者に世話になっているのに、自分の権利の主張ばかりする人が大勢います。医者も大変だなと思います。

言いたいことは、どちらの側も優しさをもち、礼儀を守ることです。まずは、そうした相互のヒーリングから始めたいものですね。

霊能者がカウンセリングをする際に注意すべきことは何ですか？

一歩でも二歩でも、本人の持っている天命のようなものに自発的に近づかせる努力をさせることです。

スピリチュアルなカウンセリングをする際、まず相談者が自分のやるべきことを絞り込むことができるように誘導することが大切です。

宇宙の和音の中で、それぞれが奏でる自分の役割の音があると思ってください。

そこに近づくところまで何とか行けるように促します。

その際、なるべく本人が自発的にそこに向かうように、見守ることも大事です。なんでも手取り足取りして教えてしまっては、本人のせっかくの学びの場がなくなってしまいます。

自発的にはそこに行けそうにないのであれば、ある程度〝霊的手術〟のようなことをしなければならないこともあります。「こうしなければダメだよ」という小言めいた言い方が必要な場合もありますが、なるべく言わないようにします。

天命は誰にでもあります。しかもいくつもの天命を持っています。一つだけの天命というのはありえません。一つの仕事を成し遂げるのでも、いろいろな役割をしなければならないからです。そのときにいろいろな天命に気づくはずです。その中でも今一番大切と思われる天命を絞り込ませる作業をします。

霊能者はその人の受け答えとか表情を見て、本気でやろうとしているのかどうかを見ます。真摯に天命と向き合っているかどうかを見るわけです。自分の人生を評論しているレベルでは全然話になりません。

まず、自分の人生に対して、正しい決断をちゃんとできるようにさせることが大事です。それは後悔しない人生です。それを促すことが霊能者としての非常に重要な仕事ではないでしょうか。

霊障害による病気はあるのでしょうか？

残念ながらその質問には答えることはできません。
仮にあったとしても、答えられないのです。

問題は、病気を病気だと診断できるのはお医者さんだけだということです。私たち霊能者にはそれは許されていません。だから霊障害による病気が仮にあったとしても、あるとは言えないのが現状です。法律で罰せられるからです。

もしも、「これはナントカの祟り(たた)による病気だ」などと言う霊能者がいるとしたら、それは犯罪者です。また、「私はどんな病気でも治せる」という霊能者も犯罪者です。「治す」「楽になる」「良くなっている」――これらは全部、言ってはいけないのです。それらの言葉は診断や診療行為に当たります。

霊的な能力と病気の問題は明治維新以降、法的な規制がかかって、医学側と霊能者側が引き離されるという、長い長い文化的ないきさつがあるのです。混在していた時期もあったのですが、厳しく引き離されていきました。

ところが最近、お医者さんの間で霊的なものへの関心が高まっている側面があります。

「おおっぴらにはできませんが……」と苦笑しながら、こっそりと私のところに相談に来るお医者さんの数も増えています。

というのも、病気の中には霊的なものがあると仮定せざるを得ない症状のものがあることに気がついているからです。特にそういうものの中には難病や奇病、アトピーといったアレルギー症などが多いようです。こうした病気は、なかなか教科書通りには治ったりしません。

特にアレルギー体質の過敏な人は、一キロ先に産業廃棄物を積んだトラックが走っているだけで全身ジンマシンなどの症状が出る人もいます。逆にそういう人は、かゆくなってきたから、すぐそばに産廃トラックが来ていることがわかるのだそうです。そうなると、もう超能力の世界です。

身体が腫(は)れたり、特に首の周(まわ)りがひどく腫れたり、湿疹が出たり、視力が不安定になったり、喉が痛くなったりすることは、昔から「霊障(れいしょう)」と呼ばれてきた反応と非常によく似ています。

私が言えることは、まずはお医者さんできちんと診断してもらうことです。その後、自分の治療方針をある程度は患者として定めて、現代医療的な治療をきちんと受けながら、それでもどうしても不安だったら霊能者のところに行く、それが正しいあり方だと思います。

霊能者も勝手な医者批判、クスリ批判を一切しないことです。それは非常に身勝手な批判です。

私のところには、難しい症例になると、お医者さんから「秋山さんのところに行ってごらん」と言われて来る人もいます。そうなれば、私も霊的なリーディングをしたり、ヒーリングをしたりします。結果として「奇跡だ」と言ってくださる人も多いです。そういう人は、自分の治療方針がはっきりしている人でもあります。医療もありがたいと思っているし、霊能者もありがたいと思っている人が、良い結果を得ているということです。

お医者さんに対しても霊能者に対しても、良い感情で治療を受けるということが一番重要なのです。それが個人の霊的な治癒能力を高めるからです。それが最善の方法です。逆に怒りとか、後ろめたさとか、疑念とか、不安や不満をもって治療を受けると、良い結果が得られないのではないかと思います。

とにかく最近は、医者が信じられないから次々にセカンド・オピニオンを求めて歩き回り、ちょっとでも不満があるとすぐに医者を訴えるというケースが増えていると聞きます。その矛先が霊能者に向かうこともあります。

納得がいかない人は最初から来ないでほしいというのが本音です。霊能的なサービスを受けようと思ったら、ネガティブな依存は一切捨ててしまうことが肝心です。だからこそ、訪ねる前に口コミなどをよく調査して、信用できる人かどうか確かめることが大切です。

これからの医療は
もっと霊的な要因を考慮すべきだ
ということですか？

医療が進歩すると、必ず霊的な問題に突き当たるはずです。それは間違いありません。

つきつめて考えれば鮮明にわかることですが、「すべて自分の身の上に起こることは、先祖を含めて、自分の中にある感情の集積の結果である」と思って間違いありません。どんなに暴飲暴食しても長生きする人がいます。反対に、健康にとても気を使っていてもガンになってしまう人もいます。同じ薬を飲んでも、すごい副作用の出る人と、そうでない人がいます。これらの違いは、いまだに何も解明されていません。実はそれは霊的な問題だからです。

アレルギーにも、非常に深い意味があります。アレルギーの奥に霊的な問題が潜んでいるからです。

悪い想念や生霊(いきりょう)に取り憑(とつ)かれた人が、身体に異常が出る場合があります。顔が腫(は)れたり、首が腫れたり、背中に変な出来物ができたりします。そういう謎の状態というのは、現代医学ではほとんどがアレルギーのカテゴリーに入りますが、アレルギー自体が霊的なことと深くかかわっているのです。

アレルギー問題を明解かつ徹底的に解明しようとしたら、霊能者と医者が連携して研究しなければいけません。そうすれば、非常に面白い研究ができるはずです。

引っ越し先の水が替わっただけでアレルギーが出る人がいます。あるいは長年同じ環境で暮らしていたのに突然始まったとか、理由のわからないアレルギーはたくさんあります。もちろん花粉の大量吸引やカビが原因の場合もあります。しかし、アトピー性皮膚炎とか膠原病（こうげんびょう）など、理由がわからない疾病（しっぺい）も多いです。

そういう患者さんは原因がわからないのでとても不安なはずです。ところが私たち霊能者がそれを説明してしまったら、先に話したように医師法違反になってしまいます。

医学・医術はとてつもなく進歩しました。それでも原因のわからない病気は山ほどあるわけです。どうしても自分の患者を治したいと、真剣に治療を考えている医師であれば、絶対に霊能的な世界にかかわることになるでしょう。

昨今、勉強させてほしいと言って、私のカウンセリングのドアを叩くお医者さんが増えています。お医者さんだけでなく、弁護士もすごく増えています。弁護士が来るのは、彼らは法的な問題はジャッジすることはできますが、クライアントの心の問題はケアが極めて難しいからです。ところが、クライアントからは心の問題のケアも頼まれることが頻繁にあるわけです。また、弁護士が、相手からの悪想念や生霊のようなものの影響を受けるケースも増えてきているようです。そこで私のところに訪ねてくることが多くなりました。

医者でも弁護士でも、本当は霊能者と連携するのが一番いいわけです。それができない現状にはもどかしさもあります。

医者も弁護士も、政治家も実業家も、もっと霊能者と上手に付き合う必要があると切に思います。そして霊能の世界を活かし、楽しんでもらえたらと思っています。

職業ヒーラーではないのですが、
共感力が強くて、他人の悩みによって
自分自身が苦しくなるという人がいます。
そういうことはよくあることなのですか?

よくわかります。

私にもそういうことはよくあります。

「共感」「共鳴」「体感」、この三つの力は霊能者が特に強く持っている能力です。戦前の日本の霊能者でも、天理教の教祖の中山みきは、肺を病んでいる人が来ると一緒に血を吐いたとも伝わっています。

ほかの霊能者でも、来る人の状態が自分自身の身体の同じ箇所に移ってしまうケースは非常に多くあります。

逆に言うと、一般的な人がなる病気も、何か精神的な念とか霊的な事情があって身体に異常が出る場合もあるのだと思います。このように共感や共鳴のような現象によって病気になったという説は昔からあります。

特にそういう教義が見受けられるのは、初期の天理教と生長の家です。心的な病因論とされるもので、どの指がどの神様と共鳴するか、などを研究した本も出ています。

戦後最長期間、首相を務めた佐藤栄作を指南したとされる橋本徹馬（一八九〇〜一九九〇年。宗教家〕の著書『超科学的に見たる諸病対策事典』は、身体の部位と霊的な病因の関係について書いた本ですが、日本赤十字社長を務めた東龍太郎（あずまりょうたろう）や現職の厚生大臣が題字や推薦の言葉を書いています。

一般の人でも、病気そのものが霊的な要因によって発症することがあるのだということを知っておく必要があります。実際に人の想念の影響や、あるいは自分の想念の使い方によって身体に問題が出ることがあるからです。

わかりやすい例では、胃潰瘍（いかいよう）などは胃酸の過剰分泌によって生じるとされていますが、その元をたどると、まさに自分の念の特性によって出来る病みたいなものです。

要するに、霊的病因論とも言える心的病因論は念が先の理論です。感情の集積、念の集積が病気の原因であるということです。そういう考え方は霊能者の間では古くからあります。

ただし注意しなければいけないのは、この心的病因論を都合よく使う人たちが大勢いることです。たとえば、この病因論を不安定な自分を正当化するために使う人もいます。「あなたの念を受けて、気分が悪くなりました」などという人です。そういう人が結構多いので困ります。本当にそうなる場合もあるかもしれませんが、インチキも多いです。

平気でウソをつく人もいます。

本当にそういう念を受ける人は、本物のヒーラーです。ヒーラー中のヒーラーです。私は彼らを「ジン・イーター」と呼んでいます。

「ジン」とはアラブの世界で魔人のことです。『アラジンと魔法のランプ』に出てくるランプの魔人がそうです。魔人とか悪霊、死霊という意味があります。それを食べてしまうからジン・イーターです。そういう悪霊や死霊ですら身体に入れて、体内で〝消化〟してしまう能力者のことです。

当然、魔人を身体に入れると痛いし、苦しいわけです。それでもその身体を選択して、浄化してしまう人がジン・イーターです。その人はヒーラー以上の力を持っています。根本的なクリーニング（浄化）機能を持っている霊能者です。生まれながらの場合もあるし、後天的に得た能力の場合もあります。後天的な人でも元々そういう能力を持っているのかもしれません。で、封印していた能力が何かのきっかけで花開いた場合もあります。

魔人が巣くっている人と共鳴する能力ですから、体も心もきついわけです。でも本当のところ、ジン・イーターくらいの天賦（てんぷ）の能力を持っていなければ、職業霊能者にはならないほうがいいのかもしれません。

病気や魔を自己の心の力で浄化し、痛みを知る能力を持つ人、それが職業ヒーラーです。その感じ方には正しいルールと法則がありますから、ニセモノはすぐにバレてしまいます。

ジン・イーターとして、
知らず知らずのうちに霊的な影響を受けて
具合が悪くなってしまった場合は
どうすればいいのですか？

単に気持ちを切り替えればいいだけです。

たとえば、あるAさんという人に対峙して、私がAさんに心を向けたとします。

その人は十数年前に足を骨折しているのですが、その骨折をした理由となった心の使い方がまだ取れていないと、そのときの骨折の激痛が私の足に移ってくることがあります。

もっと具体的に言えば、Aさんの無謀なことが好きな性格とか、あるいは顕示欲の強い性格のせいで骨折して、現在においてもその心の癖が治っていないときに、骨折の痛みがAさんの問題点のシンボルとして能力者に〝転写〟されることがあるわけです。

それはもう、強烈な痛みで来ます。癖が取れていない分だけ激しく来ます。

でも私にその痛みが出ているということは、私から出ているオーラがAさんの魔物の部分を取り除いているということです。ジンを食べているということです。

すると、Aさんはすごく運命的に楽になります。Aさんが今後の人生において骨折する確率は少なくなっているわけです。つまり、Aさんのオーラの〝質〟を変えているのです。
ジン・イーターは、病気を治すとか、そういうレベルではありません。その人の運命を変えることなのです。

さて、そのAさんですが、骨折の原因となった心の志向性のことがわかったとします。経験から言うと、それを直接批判すると、たいていの場合、本人は怒りだします。

別のケースで、交通事故に何度も遭うという人が相談に来たとします。何度も交通事故に遭うというのは、愛情面で問題があるということです。「私に向けてくれる愛情が足りない」と思っていることの現れの場合が多いです。「愛情のむさぼり」が現象として現れた可能性が高いです。

ところが、そのように本人に告げると、まず確実に怒ります。なぜなら「愛情のむさぼり」は、その人の霊的体質の中に根深く入っている悪霊のようなものだからです。それを取り除こうとすると、魔人は大暴れして、その人は怒りだすわけです。

だから私たち能力者はそれを直接言わずに、何と言おうかなと痛む足をさすりながら思案に暮れます。やんわりと、それとなく諭(さと)すことで、本人が自ら気づいてくれなければ意味がありません。

その諭しが上手くいくかいかないかは別にして、その人が帰った後も、その人の念やエネルギーはしばらくその場に残りますから、それを切り替えようと思ったら、その人との霊的なつながりを「パン」と切ります。スイッチをオフにすればいいだけです。

スイッチを切るといっても、家電製品のコンセントを抜くのとはちょっとわけが違います。とにかく気持ちを切り替えることです。

つながっているのは自分です。自分がその人のことを考えているかぎり、つながっています。痛みと一緒に記憶した記憶はなくなりにくいものです。頬っぺたをつねりながら覚えたことが忘れにくいのと同じです。激しい肉体的な痛みや激しい感情と共に覚えた記憶はとても消しづらいものです。それをあえて、意識を切り替えて消すわけです。それがプロの霊能者の仕事です。

だから職業霊能者とすれば、まず丁寧に相談を受けること、終わったらスイッチをちゃんと切ることができなければ話になりません。それができなければ、霊能があるなどとは生半可に言わないことです。

プロの霊能者なら、眠ろうと思えば、すぐに熟睡することができるし、特定の人のことを忘れようと思えば、すぐに忘れることができます。いつまでも引きずっているわけにはいかないし、それをしないとやっていけません。

だから、霊能的に激しい人と出会って、その人の霊的手術に取り組んだ後は、カラオケで大騒ぎしたり、旅行に行って夜空の星を眺めたり、まったく霊的なこととは正反対のことをすることです。

あるいは、全く霊的な分野を信じない人と話をすることでもいいでしょう。「霊能力なんて最低だよね」などという話をあえて聞く。

そうすれば、必ずスイッチは切れます。

第3章 本物の霊能者になる方法

霊能力的なものが急に出始めたらどうすればいいのですか？

ネガティブな面ばかりを見ないことです。
ポジティブな面を見つけるなどして、
霊能力を楽しむ環境を作っていけばいいのです。

霊能力は生半可（なまはんか）にあると、弱いうちは人の悪いところばかりが見えてきます。同時に自分の悪いところばかりが見えます。人の欠点とか、下心とか、見えなくてもいいものまで見えたりしますから、霊能者には性格が歪（ゆが）んでしまう人が多いのです。

霊能者がネガティブになると人間不信に陥ります。だから霊能者になるのは、とてもしんどい面があります。

超能力的なものが出始めた中学生くらいのころの私もそうでした。当時の私も、人の愚痴（ぐち）ばかり言っていました。自殺未遂も四回くらいやりました。それでも死なかったからビックリでした。

赤ん坊が薬を飲んで死んでしまったという新聞記事を読んで、私も薬箱の薬を全部飲んで死のうとしたこともありました。缶ジュース四本分で全部飲み込んで寝たんです。

そしたら翌朝、スカッと目が覚めてね。青空が見えるんですよ。青空であれだけ絶望したのは、生まれて初めてでした。それはもう、見たこともないような綺麗な青空でした。後で調べたら、かなり飲み合わせのよくない薬もあったのですが、死ねませんでした。

そのときはもう全部が、何もかも嫌になっていました。スプーン曲げであれだけ持ち上げておいて、どこかのメディアが「インチキだ」と決めつけたせいで、社会が手のひらを返してスプーン曲げ少年たちをあれだけ叩いたわけです。まるで中世の魔女狩りでした。

いじめにも遭いました。それはもうひどかったです。十四、五歳のころでした。

私の場合は、何とか絶望を自力で乗り越えました。その絶望を乗り越えた後くらいから、徐々に宇宙人とのコンタクトが始まったのです。その前からUFOは来てくれていましたが、それに関係なく現実は厳しくてきつかったのです。

人の悪い面が元々見えやすい私が、大人にあからさまに裏切られたわけです。「信じているよ」と言ってくれた大人の権威ある人たちが、ガラリと態度を変えて、「僕はかかわっていない。知らない」と言い始めました。

もう世の中「ユダ」（キリスト十二使徒の一人。銀三十枚でキリストを敵に売ったという）だらけでした（笑）。

そのとき以来、私はメディアや社会の言う「人権」なんか何一つ信じなくなりました。そう言っている奴ほど人権を無視するからです。

それはそうです。大の大人が、やれ「責任だ」「人権だ」と言っておきながら、自分よりはるかに純真な子供をいたぶったわけです。そういう面においては、人は偽善者であり邪悪です。

そのときの教訓は、邪悪なところにはかかわらなければいいということです。依存しなければいいのです。逆に言うと、依存しておいて「あなたは邪悪ですね」とは言えないということです。メディアや社会に依存するということは、そういうことです。

そのころの経験から、社会を生き抜く、たくましさと知恵を学びました。

それにしても、あれだけ愚痴っぽくて、あれだけトラウマを受けて、あれだけショックを感じて、あれだけ斜に構えていた私が、ここにいる「今の私」のようになったということは、神がいるのだと思わざるを得なくなります。

また、霊的世界も素晴らしいと思っています。そう確信する最大の根拠は、今から見ても最低だった自分がここまで変われたからです。だから神がいるとわかるのです。

今では身近な人が安らいだ顔になってくれると滅茶苦茶嬉しいし、そういう仕事に従事できたことをものすごく感謝しています。「ユダ」たちはもう置いていきます。でも彼らが求めれば答えますがね。でも求めなかったら置いていきます。かかわることはありません。それだけです。

あのころを思い出すと、本当にしんどかったです。車に轢かれてしまおうと、酔っ払って朝まで交通量の激しい道路に大の字になって寝そべっていたこともありました。ところがその夜に限って車は一台も通らなかったのです。

でもおそらく、そういうことをしでかしたというのにも、学習するという意味があったのだと今では思います。というのも絶対にありえないことが起きたからです。私が大の字になって寝そべったのはすごく交通量の多い道で、しかも目立たないように黒い服を着ていました。かつ車の運転手に気づかれないように、道路と同化するために灰色っぽいシートまで被っていました。

結局朝まで待って太陽もカンカン照りになってきたので、「しょうがないな」と起き上がって道路脇に退いた瞬間に、ビューンと猛スピードで車が通り抜けていきました。

そのとき「実はオレ、死ねないかも……」と思ったのです。そのときは死ねない自分にすごく絶望していましたが、「死んではいけないのかも……」とも思うようになりました。けっして真似をしてもらっては困りますが、死しか考えられない苦しみでも、必ず自分で変えられるのです。

そのときの心情を分析すると、悲しみの中に「信じたい」「すべてを信じたいのに」という思いが子供心にもあったように思います。

どうやっても死ぬことができなかった私は、仕方なく学校を出て、普通の仕事に就いたのですが、自分自身は意外と〝無〟でした。自分に対する期待がぽっかりと穴が開いたように無くなっていました。

それでも私の超能力を頼って来る人もポツポツといて、そういう人たちの相談に答えているうちに、〝自由精神開拓団〟のような集まりができるようになりました。集まってきたのは、同じような経験をしている人たちが多かったです。お互い気持ちはわかりますから、話をすると面白かったですね。

二十歳（はたち）を過ぎたころには、もう死ねないこともわかっていました。そして自分の死期も何となくわかってきたのです。まあ、その年齢で本当に死ぬのかはわかりませんが、そのころの私は、自分自身にはあまり関心がありませんでした。もちろん目の前にある快感とか美味しいとかの感覚は好きですが、それを探究しようとは思いません。

では何に関心があるかというと、人が楽しんでいることに関心があります。面白い人の話を聞くのにも関心があります。つまり人がすごく好きになりました。

昔は人に会うのが気持ち悪かったのです。結構喧嘩も売りました。それが今は大の人好きです。

霊能者になればなったで大変ですが、その先にはかつて想像もしたこともないような世界が待っていることも確かです。恐れや先入観を捨てて、自分をも癒す霊能者になることに、ぜひ挑戦してみてください。

○霊能力・霊感

霊能力をトレーニングするにはどうすればいいのですか?

〝無〟になろうとすることです。
霊能力は、自分を〝無〟にする時間を取れば取るほど高まっていきます。

〝無〟にした分だけ、霊感が入ってきます。邪念を捨てろという人もいますが、ただ無に近づけばいいのです。邪念が出てくるのは仕方がないのです。人間ですから。

邪念が出てきても、それを観察しながら、テレビを観るように流せばいいのです。「あっ、邪念が出てきたな。まあいいか、執着しないぞ」みたいな感じで流すわけです。

とにかく、目を開けていても閉じていてもいいのですが、瞑想する時間をたくさん持つことです。

瞑想のコツは、眼球をあまり動かさないで、ゆっくり呼吸をして、ゆったりと座っている時間をまず作ることです。歩きながらでも出来なくはありませんが、なるべく身体を鎮静化させたほうがいいです。

とにかくジッとします。呼吸法がどうだとか、クンダリーニ（人体内に存在するとされる根源的生命エネルギー）がどうだとか、ヨガのポーズがこうだとか、そんなことは全く必要ありません。それこそ〝邪念〟です。そうした邪念は捨てるべきです。そんなことをやっているから、みんな迷ってしまうのです。

形式的なヨガで霊能力が育つのであれば、ヨガの本場のインドであんなに人は死んでいません。平均寿命ももっと延びるはずです。しかし、そうはなっていないことは誰もが知っています。

自分を鎮静化させることができたら、次にこういう疑問の答えを得たい、と真摯に問い掛けてみることです。目的は、はっきりとさせなければなりません。一つの目的を定めて、そのためになるべく鎮静化しながら、自分が納得するまで一年間ほど、尋ね続けてみることです。

一年間、真摯に霊能に尋ね続ければ、答えが出ないはずはありません。出なかったら、何かがおかしいのです。

一年、毎日、「今日も尋ねさせてください」と真摯に瞑想して霊能と向かい合えば、必ず答えが出ます。同時に、どういうプロセスの答えが閃(ひらめ)いたかを、全部記録することを勧めます。

最初は誰かから聞いてきたような、聞きかじりの答えしか浮かばないかもしれません。

変な建前論が出てくることもあります。そのような答えは、まだ表層的なものにすぎません。そうしたプロセスを記録しておけば、だんだんと自分が深まっていくことがわかってきます。

霊感なのか、ただの思い込みなのかはどう区別するのですか？

思考を超越したところから降りてくるのが霊感です。
その内容の深さを見れば、
思い込みではないことは自ずとわかるはずです。

だいたい「霊感受けた、閃いた！」なんて叫んでいる人の浅はかさは、内容を見ればすぐさまわかります。ただの〝思い込み〟の場合が多いのです。

最初から一発回答などというのは、よほどのエリートでないと不可能です。

ただしその人が霊能以外では生きられないというような人なら、最初から一発回答もありえます。たとえば日本の霊能研究に多大な影響を与えた浅野和三郎（一八七四～一九三七年。日本の心霊主義運動の父）は、帝大生時代に上野の不忍池のほとりを歩いていたら、優れた完成度の短編小説が瞬間的に、一本まるまる頭に入ってきたというエピソードが伝わっています。

その体験により浅野は「霊能はあるのだ」ということを確信したとされています。帝大文学部のスーパーエリートがぼんやりと池のほとりを散歩していたら、小説の全編が一言一句全部、頭にインストールされる経験をしたわけです。それはありえない体験でした。浅野は打ち震えて感動し、自分の知識をはるかに超えた霊能のすごさを揺るぎない信念で確信したといいます。

別の見方をすると、浅野という男が後々どれだけの影響を与えるかを既に未来から〝読んでいる存在〟がいたということでもあります。浅野は既存の霊界論やスピリチュアリズムにあまりにも影響を受けている面もありますが、日本の心霊科学研究に大きな貢献をした人であることは間違いありません。

浅野のケースを見てもわかるように、その人にとって疑いようのない閃きが「霊感」です。そういう瞬間があるということです。人生での重大な質問に対する答えが一瞬でわかります。思いつくのではなく、わかる、のです。膨大なことが瞬時にわかります。

そのためには、五年でも十年でもかけていいと思います。それがたった一つでも天から落ちてくれれば、その人の人生は揺らぐことはないでしょう。

それに関連して、一瞬の召命（しょうめい）というものがあります。招命とはキリスト教などで神に召されて新しい使命につくことを意味しますが、その招命があって、ドヤ街に入って布教を始めた牧師さんに会ったことがあります。その牧師さんは「一瞬でした」と言います。「一瞬で、すべてを捨ててドヤ街に入ることに決めました」と。

その「一瞬でした」という言葉を聞いて、私はその牧師が本物だと思ったわけです。つまり、思いをめぐらしてたどり着いた結論ではなく、思考を超越したところから降りてきて一瞬で全部わかるのが霊感だということです。

学者でも宗教家でも関係ありません。一瞬の霊感が降ってきた場合に人生が全部変わります。変わる勇気も沸々と湧いてきます。そうした「絶対なる本物」をきちんと自分の内側に見出せる能力を私たちは当たり前のように持っています。それは間違いありません。

それを受けた人間は、その内容を論じたりもしません。論じることを超越した経験だからです。それが本物の霊感かどうかは、顔の表情を見ただけでわかるはずです。

もちろんその手前の小さな霊感もたくさんあります。それは否定しません。でも重みや大きさがまるで違いますね。

霊感を使う時の注意事項はありますか？
予言で注意しなければならないことは何ですか？

霊感はとにかく楽しむこと、楽しく使うことです。

霊能力はあるレベルまで深まっていくと、普通の人として楽しく生きながら、人のために霊感を使えるプロに至ることができるようになります。かつ、他人のために霊感を使えることが楽しくなってきます。

霊能力が本当にある人はもともと、自分のために使うという概念はあまり持っていません。そうした気持ちは希薄です。そもそも自分のことだけを考えるのであれば、霊能力など開発しないほうがいいです。普通に生活や仕事をするには邪魔ですから。

それはそうです。サラリーマンでもなんでもいいのですが、一生懸命に仕事をしているときに、いきなりカエルの化け物みたいのがやって来たり、幽霊がスーッと飛んできて「私を見て」などと言ったりするのが霊能の世界です。普通の生活などやっていられません。

しかもそのような能力があると知られると、世の中から「インチキだ」「詐欺師だ」と好き勝手に言われて、霊能はリスクだらけです。それなのに時々、当たらない終末予言をしてしまうような人が出てきます。予言なんてしたら叩かれるだけなのに、なんで予言するのだろうと私なんかは思います。

でも、だからと言って、そういう人たちがインチキかというとそうでもないのです。大衆の「集合無意識」が、霊能者に予言をさせてしまうのです。言い換えると、大衆の集合無意識の中に潜むヤマタノオロチが霊能者を振り回すということです。

どうしてそういうことが起きるかというと、未来の情報を霊感で感じようとした場合に、大衆が持っている集合無意識の訴えみたいなものが入ってきてしまうことがあるからです。

たとえば、最近で言えば「北朝鮮は危ない」「北のミサイルは危険だ」と皆、挨拶のように言っています。でも、どういうふうに危ないのか、この問題がいつ終息するのかといったことを論じ合うことをしません。「とにかく危ないんだ」とオウムのように繰り返すばかりです。

これと似たケースでよくあるのが、「ちかごろの世の中、犯罪が増えて怖くなりましたね」というものです。でもよくよく調べてみると、犯罪数は全然増えていません。統計を見ると、むしろ大きく減っています。同じような犯罪報道は昔からあるのに、皆が増えていると思い込んでいるだけなのです。

未来を予測した場合に、大衆が持っている、未来に対するそういうイメージを予知能力者が受けやすいわけです。

「これだけ社会が混沌としているのだから、きっと株価は下がっていくよ」とか「景気がよくなるはずはないさ」とか、そういう集合無意識に影響されやすいのです。

大衆の持っているそういうイメージはたいていの場合、ネガティブです。社会全体に対してネガティブな場合が多いですから、この延長上で予言をしていけば、結局終末予言的になっていかざるをえなくなります。

こうした大衆の集合無意識に巻き込まれる霊能者が出てきます。そういう予言をする人がいると、集合無意識の中の漠然とした不安が顕在意識化しますから、モヤモヤ感が解消される場合もあるのです。

そんな人の予言は当たりません。でも、予言を外すことによって、そういう集合無意識のモヤモヤ感を解消させる役目の人もいます。いわば、大衆の集合無意識が作り出した生贄（いけにえ）です。

大衆の集合無意識は、漠然とした不安のはけ口を求めます。それが嵩（こう）じてしまうと、

「あいつの予言は外れた。外れたから生贄にする」と、その霊能者は血祭りにされます。そして「ああ、すっきりした」となるわけです。そのようなことが歴史上繰り返されてきました。

そうした「外れる予言」は、ある種の、大衆の予言・防戦・処刑のアーキタイプ（人間の無意識の中に普遍的にあると仮定された、イメージを生み出す「元」）のようなものかもしれません。終末予言と生贄のアーキタイプです。

そのアーキタイプがつくり出すイメージが「外れる予言者」というわけです。大衆は無意識のうちに「外れる予言者」を求めているのです。

このように霊的な世界には、究極の神のほかに、私たちを動かしている、善と悪の集合無意識があります。神には善悪はありませんが、集合無意識には善悪があります。

ただし、善悪のない神のほうが怖かったりします。「今すぐに死になさい。それがあなたの役割だから」みたいなことを平気でします。神なんかそのような存在です。

一方、集合無意識はいい加減で、「今までこういうことをたくさんやってきましたが、今回はこの辺で」と手心を加えてくれるかもしれません。集合無意識の怪物ではありますが、独特のサジ加減があります。

だから〝外れる予言〟をさせようとする集合無意識に、変に飲み込まれないことです。集合無意識によって定期的に予言させせられてしまう霊能者もいるからです。集合無意識は生贄の巫女(みこ)を探します。神懸かり的な、敏感であるけれども不安定な能力者が引っかかります。そして〝生贄〟にされます。

逆に言うと、集合無意識の中にある不安な気持ちを予言によって顕在意識化することで、不安が現実化しないようにするシステムのようなものがあるわけです。そういうシステムがあることも知っておいたほうがいいでしょう。

◯潜在意識の力

潜在意識の中の「イジケ」をなくす方法はありますか？

あります。

しかも簡単にできます。

「イジケは魂の委縮だ」という表現をする人もいますが、心の力を低く見積もる傾向は私たち誰もが持っています。これは人間の防衛本能から出ているものです。

私はよく引き合いに出すのですが、たとえば「腕立て伏せ三十回以上できる人は手を挙げて」と聞くと、ほとんどの人は手を挙げません。

ところがそこに、機関銃を持った兵士が入ってきて「三十回腕立て伏せをやれ！」と脅したら、皆ほとんど三十回の腕立てくらいできるわけです。

このように人間は常に「自己像」を低く見積もります。それは最初から能力のカードを出し切らないほうがいいということを本能的に知っているからです。そういう戦略的な控え目作戦を無意識的にもっているわけです。

ただ、その控え目にするという本能が強く働きすぎて、自分の本当の能力を見失ってしまうケースが多々見受けられるのも事実です。それが「カルマ」という呼び方をされてきたものの正体でもあります。悪い習慣性がカルマです。

能力者から見れば、そうしたカルマとまずは闘ってほしいと思います。その人の中にある悪い習慣性と闘うわけです。

カルマには、前世から持ってきている先祖のカルマ的なものがあります。カルマという悪い習慣性は、この身体の中で今も生きています。ですから、身体の中にある習慣を変えれば、先祖を瞬時に供養(くよう)したことになります。自分の身体は「社(やしろ)」ですから、それができるわけです。

あるいは、そのカルマと善戦しながら楽しく闘うという手もあります。

人間に許された唯一の戦いというのは、内なるカルマとの闘いしかないのです。外と戦う必要はまったくありません。内なるカルマと闘えば、運命が変わります。良くなっていくだけです。私たちに許されているのは、自己との闘いだけです。それ以外に必要な修行はありません。

先祖のカルマを含め、悪しき習慣性と闘うことです。この身体の中に産み付けられたものと闘う、そう表現することもできます。

カルマを語るとき、よく因縁(いんねん)という言葉を使います。因縁は先祖から来ている習慣性です。先祖がサボってしまい、その習慣性と闘わなかったせいで、その習慣性が遺伝子を含む〝身体〟に刻み込まれます。そして、そのツケが子孫に回ってきたとも解釈できます。

　因縁には、いろいろな因縁があります。たとえば、罪を犯す因縁があります。「罪人因縁」と言ってもいいでしょう。罪というのはこの場合、人の自由を侵してしまったり、自分の中にある悪い面を包み隠し過ぎたりすることです。だれでもそういう面がありますが、特に強い場合は罪人因縁と呼ばれます。

　また「色情因縁」というのもあります。恋が暴走して止まらないカルマです。このカルマの人は、恋が始まると周りを不幸にします。

「病気因縁」というのもあります。次々に怪我をしたり、病気にかかったりして、周りを不幸にする人の場合です。

　こうした因縁と闘うのは大変だと思い込んでいる人も多いでしょう。ところが、ちっとも大変ではありません。まったく難しくないのです。

　なぜなら、自分の〝身体〟のことだからです。自分の性格と身体のことです。自分の性格と身体のことなら、コントロールが十分に可能です。だからやろうと思えば、最も簡単に変えられるわけです。

　そのためにはまず、ちゃんと闘うと決めることです。悪い習慣をやめると決めればいいのです。「タバコはなかなかやめられない」とよく言いますが、「やめる！」と決めていないからやめられないだけです。そういう人でも「タバコをやめないと明日、銃殺刑に処す」と言われれば、やめるはずです。それだけの話です。

　やめない人は、事の重大さを解（わか）っていないからやめないだけです。やめればいいだけです。

　カルマなんか、ほんの一分間で断ち切れます。身体が鈍（なま）りやすい人だったら、十回でも二十回でも腕立て伏せをやることです。それだけでいいわけです。

　先祖のカルマは自分のカルマです。自分に似たようなカルマがあるから、その家に生まれてくるのです。だから性格矯正をすれば、それで終わりです。自分を客観的に批判して、悪い習慣を出さないように徹底して努力することです。

　人間は戦い好きと言われますが、なぜ戦いが好きかというと、カルマと闘わなければならない生き物だからです。それを運命として選んで、この世界をトレーニングジムとして選んで生まれてきたわけです。その戦う心を向けていいのは、自分のカルマだけです。それ以外の戦いは意味がありません。

また、他人と自分を比べないことです。人によってカルマは違いますから。

同じカルマの人などいません。「あの人は素晴らしいけど、私はダメ」なんてこともありません。それぞれ学習の足並みが違うだけです。

自分とだけ闘う、しかも徹底的に真剣に闘う以外に方法はありません。決めて、実行する。それだけで、あなたの人生は劇的に好転するはずです。

○スピリチュアル・カウンセリング

カウンセリングして治ったと思っても、すぐ元に戻ってしまう人はどうすればいいのでしょうか？

本人が本気で変わろうとするしか方法はありません。
でも、変わるように誘導することはできます。

これも「カルマ」の問題です。ということは、いくら依存しても依存されても、本人が変わらないことには何も始まらないということです。

依存してくる人を喜ばせる答え方はいくらでもあります。「苦しい」と言ってくる人がいたら、「それは苦しいですね。大変ですね」と同情すれば、相手は喜びます。

あるいは、叱られたいと願う人もいます。父親のように厳しく叱ってほしい、という人もいます。そうなるともう、ほとんどSMの世界です。でも、それではいつまで経ってもダメです。同情や叱責だけでは何も変わりません。

悲しんで泣いている人に対して一緒に泣くと、その人は喜びます。だけど、それよりも大事なのは、少しずつ笑い方を教えていくことです。ただし、いきなり笑い方を教えると相手の人は怒りだします。「私が泣いてるのに、何を笑っているのよ！」と言われたこともあります。そのときはこちらも「おっ、意外と元気いいじゃない」と思ったりしてね（笑）。

しょげて泣いているのに元気に怒るとか、明らかに矛盾しています。でも人間は現金な生き物ですから、そういう人もいるのです。

感情に支配されているときは、感覚と思考が麻痺（まひ）します。感情の支配から逃れたかったら、感覚に逃げるか、思考に逃げるかしかありません。

だから私はよくこう言います。

「泣きたい気持ちはよくわかりますが、ちょっと考えてみませんか」と。

なぜ泣いているのか、なぜ泣くところまでいってしまったのか、いろいろその人に質問をぶつけてみます。自分の頭で思考させることが大事です。というのも、感情的になっている人を少しズラすには、思考を働かせればいいからです。すると、感情から思考へとシフトします。

また、たとえば「今から美味（おい）しいものを食べに行かない？」とか「素敵な絵を見に行かない？」とか、気分転換を持ちかけることもあります。感情から感覚へシフトする必要があるときです。

子供をあやすのにちょっと似ていますが、かなり効果があります。

このように、感情に支配されている人に対しては、思考と感覚を使わせることによって感情に囚(とら)われている状態から脱却させることができるわけです。

素敵な感覚に導きながら考えさせる――その二つができる人は優秀な霊能者です。

○ヒーリング

ヒーリングをする際のコツとか注意点はありますか？

とにかく余計なことを考えないことです。

変な譬(たと)えですが、相手をウリ、ナス、カボチャくらいに思うことです。

ヒーリングにはいろいろな方法がありますが、メジャーなのはハンドヒーリング（手かざしなど手を使ったヒーリング）です。

ハンドヒーリングは、力を抜いて手のひらに精神を集中させます。同時に手のひらをリラックスさせます。それだけでいいのです。自分の身体にも、相手の身体にも集中しないで、ただ手のひらだけに集中します。相手の体中から血が噴き出していても、自分にいくら高熱があったとしても、ひたすら手のひらに集中するのです。そうすればうまくいきます。

このヒーリングを正しく行うには、ちょっとした心構えも必要です。

一つは、「相手を救ってあげる」とか「変えちゃう」「支配する」「俺が治す」などという、おこがましい考えは一切捨てることです。実際に、このように思ったとたん、能力は働かなくなります。

他人をヒーリングする場合はその人に同情しないことも重要です。できれば相手を、ウリ、ナス、カボチャくらいに思ってやったほうが上手くいきます。同情すると、無意識のうちに身体が相手と同じ状態になってしまうからです。

天来のジン・イーターならそれで構いませんが、普通の人がそういう状態になると、ヒーリングがうまくいかなくなることが多いです。

また相手が「女性であれば左手」を、「男性であれば右手」をかざすこともポイントです。というのも、左が男性のエネルギーで右が女性のエネルギーであり、かつ男性的なエネルギーは女性を癒し、女性的なエネルギーは男性を癒すからです。これを逆にすると、お互いに調子が悪くなることもあるので要注意です。

そして何よりも、相手に信頼感を与えるように努力し、信頼を感じ取ってからヒーリングをすることです。相手が信頼していないと、そこにあるのは恐怖心だからです。恐怖心はすべてを拒絶します。

現在ヒーリング技術の「レイキ」として知られている手当て療法は、臼井甕男（一八六五〜一九二六年。民間療法の一種「臼井靈氣療法」の創始者）の弟子たちが海外に広めたものですが、現在ではアメリカの大学病院などでは保険診療として認可すらされていると聞きます。

今アメリカは「マインドフルネス」と呼んで、代替医療的なものを認める傾向にあります。日本の厚労省も代替医療については認めようではないかとの動きもあったのですが、政治的な問題もあり、認められていないのが実情です。けれどもヒーリングは、もともとは日本の技術だったわけです。

「ヒーリングの本家は日本なのに……」という、ちょっと残念な気持ちがあるのも確かです。

○チャネリング

チャネリングはどうやってやるのですか?

無心でオープン・マインドになることです。
つまり恐怖心や不安を捨て去り、
外界や宇宙に対して自分の心の扉を開けばいいのです。

チャネリングには、意識を保ってやる「コンシャス・チャネリング」と、意識を失った状態でやる「トランス（催眠状態）・チャネリング」があります。その中間的なものもグラデーションとしてあります。

私自身はチャネリングという言葉はあまり好きではなく、「ミディアム・テクニック」と呼んでいます。ミディアムとは媒介者、すなわち霊媒のことですから、日本語にすると「霊媒技術」、「巫術（ふじゅつ）」です。

チャネリングは、非常に高度な能力者のテクニックです。基本的には、能力者はコンシャス・チャネリングもトランス・チャネリングも両方できます。ただしトランス・チャネリングができる人は生来の場合が多いです。かのエドガー・ケイシーが有名ですね。もともとは「有るか・無いか」だけです。

これに対してコンシャス・チャネリングは、一般的にいう霊感と同じものですから、誰にでもできます。

チャネリングの〝コツ〟は、なるべく無心でオープン・マインドになることです。たとえば、その状態にしておくと、霊能者が思ってもみなかったようなアドバイスが閃くことがあります。その無意識の閃きのようなものがチャネリングです。

その際、その霊能の閃きのほうを自分の考えよりも優先することです。

そのときは自分でアレコレ解説したりするのはやめて、「今、霊感でこう来ていて、正確な意味はわかりませんが、こうしろと言っています」というように、その霊感を優先するわけです。

同時に、それは誰が言っているのかをはっきりさせることです。霊感があれば、それは相手の先祖が言っているとか、ナントカの神様が言っているとか、キツネが言っているとか、ちゃんとわかるはずです。それをはっきりさせることが重要です。本当にチャネリングができれば、何となくですが名前までわかります。

世の中にはチャネラーを名乗る役者みたいな人はたくさんいます。でもそういう人のチャネリングは抽象的で、具体的な内容まで踏み込めません。自分のイマジネーションと混在してしまって、誤作動を起こす場合もあります。ですから、なるべく精査しながら、慎重にチャネリングをすることです。

チャネリングの一種ですが、自動書記で絵を描くこともあります。あるレベルになれば、自動書記も、トランス・チャネリングも、コンシャス・チャネリングも全部同じです。書く内容も、言うことも皆同じになってきます。

よく「霊能者はみんな違うことを言う」と不平を言う人がいます。それはレベルが違うだけです。どのレベルで霊能を使っているかの違いです。

「秋山さんの言うことは、この前会った霊能者と違います」と、面と向かって言う人もいます。で、私が「誰に会ったの?」と名前を聞くと、「あ〜あ。あの人ね」と思います。

そういう人には「あなたにとっては秋山の言うことなんていい加減だと思っているんでしょ。どうぞお帰りください」と私ははっきりと言います。取材なんかに来ても、追い返します。

求め方がトンチンカンな人は、トンチンカンな霊能者のところに行くのです。日本にはそういうトンチンカンなジャーナリストもたくさんいます。人の気持ちを読めない人が、人の気持ちを読む人を評論すること自体がナンセンスなのです。

チャネリング能力はどうやって伸ばすのですか？

練習をすることです。
ただし練習によってある程度は能力を伸ばせますが、
本当の奥行きのあるチャネリングの域に到達するには才能が必要です。

だから使いこなすようになるのは、かなり経験を積まないと難しいかもしれません。天来の資質があるかどうかも大きく関係してきます。瞑想を続けていても、簡単にはできません。

私の場合は、霊能が強く出てきたころに、大学ノート何十冊分の自動書記を書いたり、交信をした際にテープを録ったりして訓練を積みました。十日間ずっとほとんど寝ずに、自動書記を続けたこともあります。

ある人と向かい合うと、なぜかその人の先祖は言葉で伝えたくなるらしくて、延々と一晩中チャネリングをしたこともあります。実際に公開チャネリングをやっていた時期もあります。

でも面白いことに、チャネリングをやっているときは、身体はあまり疲れません。半分寝ていますから（笑）。ただ半分寝ているのに、何かが冴えわたります。

たとえばチャネリング中に、「この計画はどのくらい時間がかかると考えたらいいのでしょうか」と聞かれたとします。すると、「来年の二月二十八日午後二時二十八分くらいまでに終わるように計画してください」とか、なんだかとても具体的に自分で言ってしまうわけです。しかもそれが、結果としてすごく正確です。

チャネリングは難しいものの、とても面白い技術です。ちょっと当たる占いのレベルであれば誰でもできますが、本当の奥行きのあるチャネリングに到達するには、やはり才能が不可欠です。そこで勘違いしてしまう霊能者もたくさんいます。

たとえば、一度得たチャネリングの能力がなくなるということはありません。得たのに無くなるというのは、それは迷いでしかありません。

それでも、もし無くなったというのならば、所詮そのレベルだったということです。本物のチャネリングではなかったということです。霊感の要素はあるけれども、そこに〝思い込み〟が加わっていたレベルです。

たとえば、自分が龍神とチャネリングしていると思っても、実は自分自身の激しいリビドー（すべての本能のエネルギーの本体）が語りかけてきているにすぎないかもしれません。龍神系とチャネリングする人は、ポジティブシンキング系が多いのはそのためです。龍神系はとにかく元気で、力に溢れています。当然、本体はリビドーだから、明るく表現しなければならないわけです。暗く表現したら大変なことになります。「悪い奴はぶっ殺す」などと暴走し、殺し合いを始めてしまう可能性すらあります。

宗教団体も、龍神系とつながっている宗教団体は明るい場合が多いです。

吸血鬼・ドラキュラ伯爵のモデルとされるワラキア（現ルーマニア南部）公ヴラド三世〔一四三一～一四七六年〕の通称「ドラキュラ公」も「ドラゴンの息子」という意味で、敵を串刺しにするほど勇猛果敢な君主だったわけです。ドラゴンは暴走するリビドーの化身（けしん）です。

ドラキュラが血と結びつくところが重要です。生命力の根底にあるのは血液だからです。血液に生命力が全部宿るのです。だから心臓が動くたびに「私は元気になる。元気になる。元気になる」と念じて刻み込めば、魂は本当に元気になります。

最後はちょっと話が脱線しましたが、このように、チャネリングには思い込みが入り込む余地が大いにあるわけです。思い込みの部分は精査して区別することも必要だと思います。

○霊視

オーラとは何ですか？

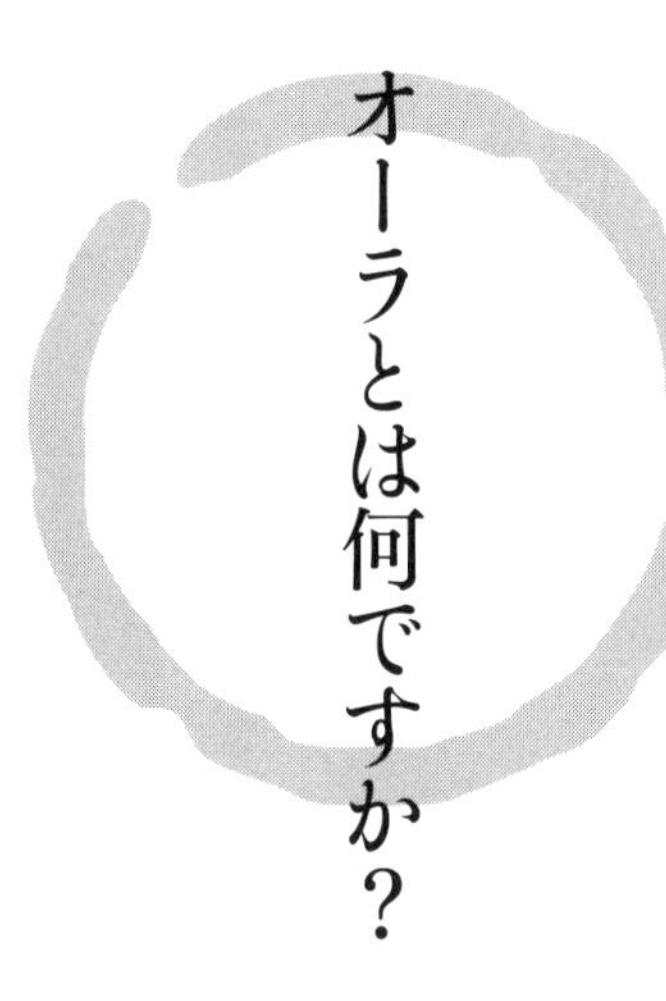

生命エネルギーのようなものです。
コツさえつかめば誰でも見えるようになります。

オーラは、ＡＵＲＡです。すなわち、「微風」「香気」「輝き」「ほのか」を意味するラテン語の「アウラ」に由来します。それをもじって、アトラクション(attraction)（引きつける力）、ユニゾン(unison)（調和する力）、リパルジョン(repulsion)（反発する力）、アクティベーション(activation)（活性化させる力）の四つの力の頭文字だという人もいます。目に見えない隠された力。ですからオーラは、秘密結社の隠語でもあります。

確かに四つの力が混在しているトータルの力がオーラです。そして、それが光で見えると言ったのが、霊能者たちです。

霊視力でオーラをよく見ると、たくさん集まった光ファイバーのような無数の繊維状のものからできていることがわかります。守護霊なども、そのオーラの繊維の延長上に見えます。まさしく漫画の吹き出し的なのです。ですから、「吹き出し」という漫画のイメージが非常に事実に近いのです。

その光ファイバーの先端に意識を合わせると映像が見えます。守護霊がどう見えるか、そのスケッチを描いてみましょう（左の画。１４４ページと１５１ページにもさまざまなオーラの見え方を私が描いた画を載せておきます）。

私には守護霊がこのように見えます

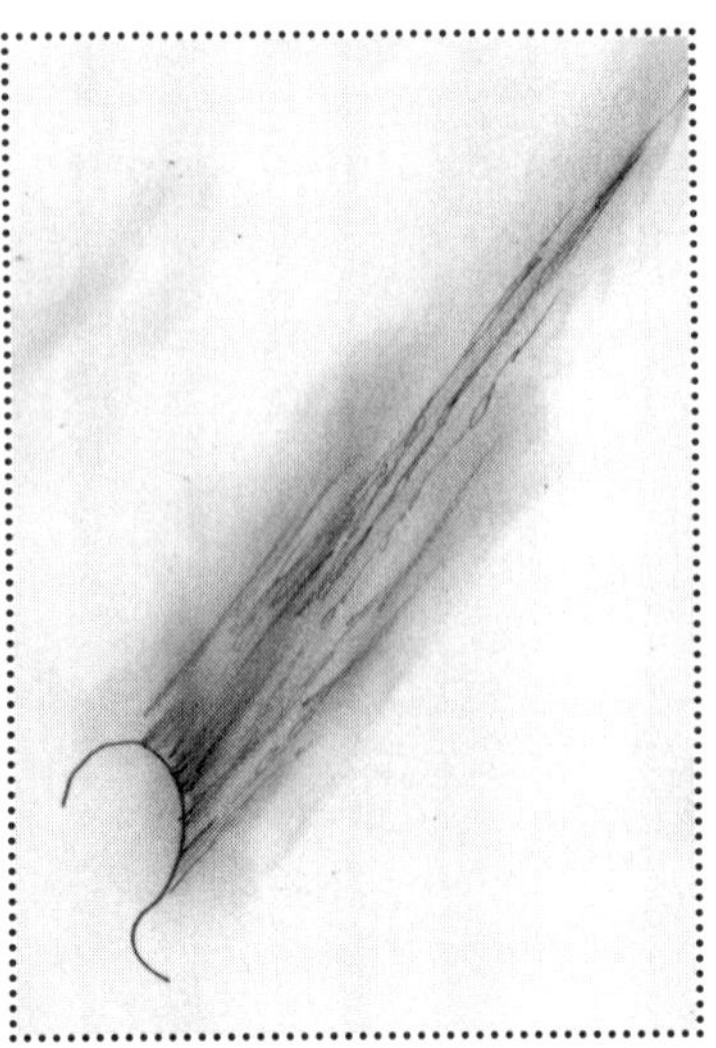

念が激しく渦巻き状に放出される

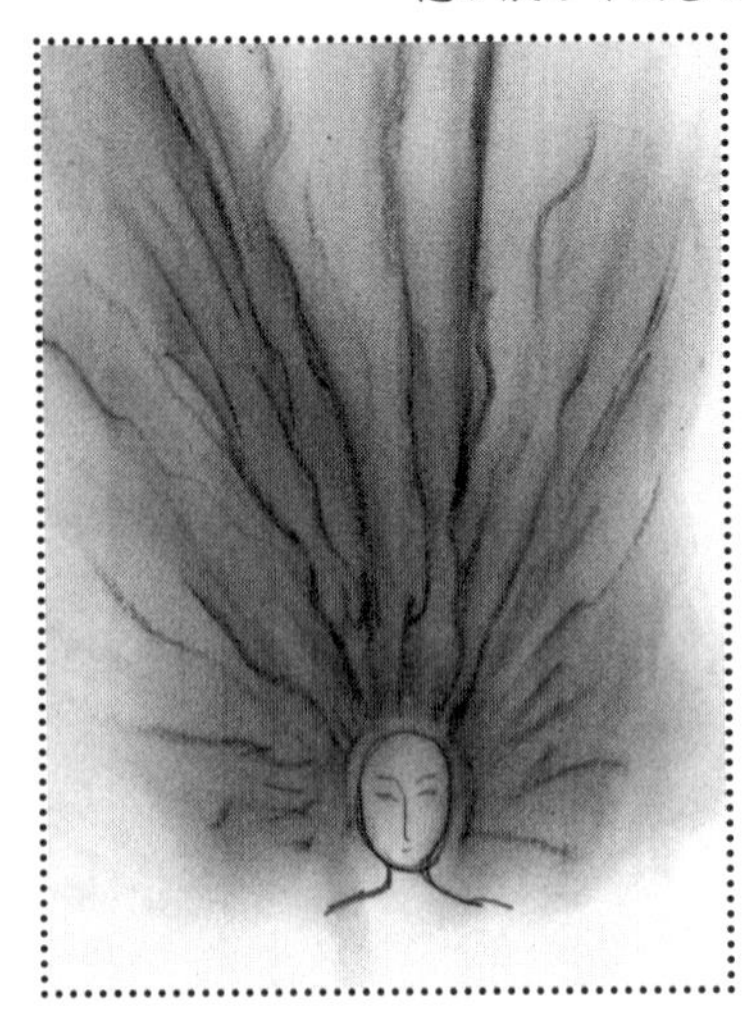

〝怒りの感情〟がオーラにでた例

〝喜びの感情〟がオーラにでた例

では、どのようにしたらオーラが見えるようになるかですが、基礎的な訓練としては、まず白い紙を壁に張って、一日に十五分ほど白い紙を毎日見つめるという作業をします。白い紙といっても真っ白ではなく、少しクリームがかったような紙、もしくはそのような色の壁に向かってひたすら凝視します。雑音の無い、静かな環境でやってください。耳栓をしてもよいでしょう。

最初は意識の中に眠っているものがその白い紙に見えたりすることがありますが、それは気にしないで、すべて流してしまいます。不思議なビジョンが見える場合もありますが、それも気にせずに、凝視トレーニングを続けます。

これを一カ月くらい続けてから、今度は見つめる対象を狭くして、紙に金色で円を描きます。そしてその円の中だけに集中して凝視するのです。何かの映像を見ようとするのではなく、ただ見つめるだけです。

これを一週間ほど続けると、目をつぶるだけで金色の輪が鮮明に浮かんでくるようになります。つまり紙に描かれた形あるものが心の中に移行されるわけです。

そこで今度は目をつぶったままで、その金色の輪の中に、自分の楽しかったときの思い出とか、過去において非常に鮮明に覚えていること、または綺麗な花とか人の顔とかを思い浮かべます。すると、それが鮮明になってきたころに少しずつオーラの透視能力が出てきます。

ここからは実践編です。オーラには生命力を表す「量のオーラ」と、その人の精神状態や健康状態を表す「質のオーラ」があります。

量のオーラを見るのは、比較的簡単にできます。まずは背景に黒っぽいものを置いて、三センチくらいの間隔をあけて、自分の手のひらを向かい合せにします。次に視点が合うか合わないぐらいのギリギリのところにまで両手を近づけ、それをボーっと見ます。すると、全体が淡く白っぽい色に見えたり、クリーム色に見えたり、うす青く見えたりしてくるはずです。その色がうっすらと付いているように見える部分がオーラです。

このオーラを細かく観察できるようになると、たとえば指先の輪郭のどこか二ミリくらいのところにポイントを決めて、ジーッと眼球を動かさずに見ていると、細かい筋が線香花火のように四方八方に放射されているのが見えるはずです。オーラの形や大きさはそのように見えます。

質のオーラを見る場合も、最初にカーテンや壁など黒いものをバックにして、相手と向き合って座ります。そして、相手の顔をじっと見つめます。

しばらく相手を見つめたら、目をパッと下にそらして、目を閉じます。これを何回か繰り返します。すると、目を閉じた瞬間に自分の額の辺りに色が浮かんでくるはずです。その色が相手の質を表すオーラです。

質のオーラは、いろいろな色が混ざり合っていることがほとんどです。

基本的に寒色系は、理論的で、ものごとを理路整然と捉える人です。半面、理屈っぽいところがあり、作られた秩序にあこがれるタイプです。

これに対して暖色系は、赤い色が鮮明な人ほど、独占欲が強く、戦闘的な傾向があります。理性よりも感情が勝ってしまうタイプです。

さらに細かく見たオーラの色別性格診断の一覧表は次の通りです。

◯オーラの色別に見た性格傾向

[青] 一般的に穏やかな性格の人です。何かを信じたり、受け入れたり、従順に何かについていったり、組織にかかわったりすることが好きです。こだわり型の人に多く、一度凝りだすと、徹底的にそれを追究し、なかなか抜けにくくなるタイプでもあります。しか

し、マイナス面が強くなると、依存症が強くなる傾向がありますので、要注意です。

[水色] 周囲の人間関係を非常に気づかう人です。常に他人に気を配っていますが、人間関係がうまいとは思っていません。自分との関係を円満にしようとするタイプでもあります。余計なことをあまり言わない、ちょっと消極的な姿勢の人にこの色が多いように思われます。

[緑] 非常に理屈っぽく、「人と自分は違うんだ」というオリジナル意識が強い人です。若いころは親と対立することが多く、社会に出てからは家の中に収まらないタイプでもあります。論戦を挑んだり、意見が違うと対立したりする一面があり、下手をすると、自己本位でワガママになってしまうことがあるので、注意すべきでしょう。

[黄緑] 人を癒す力がある人です。ヒーリング能力が高い人に多い色です。最も旺盛な生命力を持ち、肉体的な面で非常に強い力を持っているタイプでもあります。

[レモン] 快活で、細かいことにはくよくよしない人です。流行に敏感で、世間の一般的な考えに同調しやすいタイプでもあります。人の目を意識して行動したり、周囲に合わせて行動することに生きがいを感じたりする行動派ですが、ある意味ではやや節操のない性格とも言えます。

[オレンジ] 行動的なスポーツマンタイプで、必ず運動をやっているか、自分の肉体に自信

のある人です。元気よく動き回るフットワークの良さがある半面、少々気が短いのが欠点となっています。

【朱】精神的には親分肌で、目立ちたがり屋な人です。独占欲が強く、決断力も優れているタイプでもあります。ある種のカリスマ性を持っていて、ちょっと個性的な社長さんなどによく見られる色です。

【深紅】念力的な能力が安定している人です。意識せずに人間関係をコントロールすることができるため、この人の周りには自然に優秀な人材が集まってきたりするタイプでもあります。穏やかに人を支配するタイプとみることもできます。

【ピンク】あまり見かけたことがないのでよくわからない部分があるのですが、企業の経営者など、ひときわ優れた能力を持つ人が多いように思われます。また、性生活や人間くさい感情に興味の強い人が多く見受けられます。

【藤】霊能的な力を持つ人です。ただし、念を感じすぎて精神が不安定になってしまうタイプではなく、能力を自分でコントロールできるタイプです。宮司さんとかお坊さんに多いのが特徴です。

【紫】念力質の力と、感受質のテレパシックな能力のバランスが取れた、完全に安定した霊能力・超能力を持つ人です。ただ、人の欠点が見えすぎてしまうので、悪い方にこの能力が働くと、人を陥れようとか、コントロールしようとする策略家になる場合もあるので、くれぐれも注意が必要です。

[茶] 日々の暮らしが平凡に終わればいいと思っている保守的な人です。無難な人生を送ろうとするタイプで、ある意味では一番幸せな人であるのかもしれません。でも、新しい事象に反発する人も多く見受けられます。

[純白] 知的な探究が好きで、学者タイプの人です。非常に稀なタイプでもあります。

[銀] 知的探究心が強く、純白と同様に学者タイプの人です。やはり非常に稀なタイプです。

[金] 先祖から受け継がれた遺伝子やカルマをすべて凌駕した人。一種の悟りの境地に達している人で、私も日本人では二名しかこの色のオーラの人を見たことがありません。

以上が、私が実際に見てきたオーラの色別の大まかな性格傾向です。オーラの質は感情などの変化によっても変わります。たとえば、赤と黒が混ざったような色が見えたら、それはその人に抑圧されたものすごい怒りがあることを示しています。真っ赤に見えるときは、その人が怒りを表に出しているときです。相手が一種の狂気性を持っている場合は、黄色と黒色が混ざったような色に見えます。真っ黒だったら、その人は生きるか死ぬかの病気を持っている場合が多いです。

また、その人が神懸かり的な体験をしたり、新しい考えに目覚めて感動したりしている場合には、瞬間的に真っ白なオーラに覆われることもあります。

人の背後に見えるオーラと映像の一例

墓や家のシンボルがオーラの先に見える

過去世を霊視することもできるのですか？

コツさえつかめば、誰もが過去世を霊視することができるようになります。オーラ霊視力の開発法で使った金色の輪を思い描く訓練を応用すればいいのです。

どうやるかというと、目をつぶったままで、金色の輪の中に自分の過去世が見たいという、明確な目的を持った想念を起こします。この想念は五分か十分程度にしておいて、そのあとは無念無想の状態で金色の輪の中を、目を閉じたまま見つめるのです。すると最初は断片的にチラッチラッと見えるだけですが、次第にちゃんとした映画のように過去世の光景が見えるようになります。私の場合は練習を始めてから一週間で過去世が見えるようになりました。普通の人は一カ月ぐらいかかるかもしれません。

ただし注意しなければいけないのは、「見たい、見たい」という衝動だけで練習をしていると、能力が出っぱなしの状態になって火山の噴火のように収拾がつかなくなることがあることです。ある程度は衝動を抑えて、理性で制御された状態で訓練をすべきだと思います。

　チャネリング能力を使って過去世を霊視することも可能です。どの過去世を見たいかを明確に設定して、あとはなるべく無心のオープン・マインドにして必要な過去世の映像を受信することもできます。

　こうした意図的な過去世の霊視とは別に、何か過去世とゆかりのある土地に行ったり、モノに触ったりすることによって突然、過去世の情景が浮かぶこともあります。強烈なフラッシュバックのような現象です。

　注意点としては、こうした能力を開発したいのならば、とにかく良い感情でやることです。家庭内が乱れて不安があったり、仕事で心配事があったりしたときは、その心の状態がバランスを欠いた能力開発につながりかねません。不安や疑念、恐怖といったマイナス面を避けて、プラス面を見るように努力していくと、感情が安定して超能力や霊能力が少しずつ開発されていくのです。

　さらには、他人からの悪い想念や無理解を向けられるようなことがあったら、すばやく切り替えたり、別の楽しいことに心を向ける習慣をもつことです。

第4章 霊能なんでも相談——霊能トラブル解消します

あの世とつながるとは
どういうことですか？

見えない世界とつながるということです。

「あの世とつながった」という人は大勢いますが、問題なのは、「あの世」って一体何か、ということです。

実は、あの世を正しく描けた人はなかなかいないのではないでしょうか。

あの世が何かわかっていないのです。どの本にも正しく書いてありません。正しさが分散して、いろいろな雑多な情報と相まみれてわからなくなっているということが、既存の「あの世論」の問題点です。

だから今までの「あの世論」を信じてしまうと、正しいあの世とは一歩もつながりません。

その「あの世」ですが、まず、見えない世界には、「宇宙人」とか、「ハイヤーセルフ」とか、「未来霊系」といわれるものが強い個性を持っている世界があります。

もう一つの見えない世界は、「過去」や「天使」や「始まり」ということに意味を持っている世界です。

後者の世界はやたら螺旋であるとか、縄文であるとか、光であるとかがシンボルとして出てきます。異形の精霊たちもよく登場します。ドラゴン、天狗、七福神などです。これらの正体は、違う民俗の守護霊であったり、違う民俗の集合無意識だったり、違う生き物の集合無意識が核になっているものが多いです。

でもみんな、過去なのです。過去から来る過去生命体（意識体）です。後者は、過去の歴史的な霊系や、さまざまな生き物の在りさまや民族のバランスといった要素が押し込められている世界です。

ですから、多くの霊能者がバラバラに語る「あの世」という霊的世界は、おそらくこの過去と関係のある世界のことです。「過去の集積」の世界です。ユングの言う集合無意識ともリンクしている可能性があります。

ただし、学問や科学だけではその世界は描ききれませんし、唯物論的世界観とはまったく違う世界なのです。

その世界は、体感的にアクセスするしか方法はありません。先入観があれば、先入観がその世界に反映されて投影されます。だからそれぞれの垢が付きます。その垢によって、千差万別の「あの世」が出来上がるわけです。

より正確に把握するためには、なるべく真っ新に交わってみて、まずすべてがシンボルであると思うことです。

天狗が出てきたときに、天狗にはなぜ棒があって羽根があるのか。しかも、鼻が長い奴と嘴があるのがいるけどなぜなのか。なぜ修験者の頭巾を付けているのか。なぜヤツデの葉を持っているのか。そういったものの象徴性に着目することです。

もともと、キリスト教の神々とも言える天使たちは羽根を付けていませんでした。後に十字軍が中東に遠征したときに、エジプトや中東系の神々が羽根を付けているのを見て感動して、それを天使にも付けるようになったのが始まりだという説があります。つまり人間がイメージとして作り出したのが天使というわけです。

ですから、神様が羽根を付けて出てくる場合は、このメッセージは「自由に向かう」という意味がある、ということなのです。羽根は自由のシンボルだからです。天使の翼は自由を意味します。自分ではばたく翼です。だから己を良しとするメッセージでもあります。

だけど自由は同時に、鼻高々でやりたい放題、自我の無尽蔵な主張につながりやすいわけです。

日本で一番古い宗教は修験道とも言えるのに、修験道の人たちは「ヤマ師」とも言われていました。ヤマ師はいまや他人を欺(あざむ)いて利得をはかる人の代名詞です。

なぜそう言われるようになったかというと、それぞれの修行場でそれぞれの法力(ほうりき)の自慢話ばかりしていたからです。「オレはあの山を飛び越えて、天狗に連れていかれた」とか、そういう話をする人がたくさんいたわけです。私の子供のときにもいました。ほとんどがほら話で、話もコロコロ変わりました。

それを戒(いまし)めているのが、天狗が持つシンボルです。嘴(くちばし)で人を突(つつ)いたり、固い嘴を閉じて何も言わなかったりします。己を振り返らず、人を突きまくる。自分を自慢して、鼻高々となります。

つまり羽根を持つ天狗は、自由になり過ぎて暴走しないように注意を促す「諭(さと)しのシンボル」です。「天狗になる」とはまさにそのことを指した慣用句です。団扇(うちわ)で先輩風ならぬ「うぬぼれ風」を吹かせ、高下駄を履き地に足が着いていないなど、非常にわかりやすいシンボルです。

「あの世」と俗に言われているのは、こうしたシンボルが登場する「過去側の世界」のことです。

私たちの世界と何が違うかというと、時間、空間の構成がまるで違うため、私たちは感じにくいということと、私たちが感じているリズムと違うリズムがあることです。そのリズムで、蛍光灯が明滅しているように、「感じている・感じていない」を繰り返しています。

すべてが周波数とかリズムの違いです。違うリズムの世界は真横にあっても感じません。時間、空間の物理的構成もまるで違います。

そういう世界が過去と強くアクセスしながらそこに存在しています。そこからいろいろな妖精が出てきたり、いろいろな象徴を持った存在が出てきたりします。それにはすべて意味があるのです。

ただ、依存する世界ではありません。そこで一つだけちゃんとアクセスしなければいけないのは「先祖」です。先祖というのは、生きている私たちの「今」を助けてくれるのが仕事です。だから先祖にはたくさんの祈りをあげないといけません。いっぱいお願いをしなければいけないのです。

では神様とは何かというと、そこから進化し尽くしたもので、本来は人間的な祈りをかけたとしても、叶えないわけではありませんが、あまりにも主張と価値観が違い過ぎるので、祈りが届かないことが多いです。それでも先祖を介すれば届きます。

だからまず先祖です。霊能者の中には、両親や祖父母を含めて、先祖にあまりいい感情を持っていない人が多いです。たとえどのような親や祖父母であったとしても、先祖を愛するという思いをしっかりと持つべきです。

先祖と神聖という概念が近くなければいけません。先祖もまた、生きている私たちを助けながら進化していくわけです。そして神になるのです。先祖は神様の卵です。

神様はいろいろな世界に同時存在できます。もっと広い宇宙的な、あるいはもっと広い時空的な位置から私たちに必要なことがわかるのです。徹底的な、超大乗(ちょうたいじょう)的な考え方で物事を見ます。

基本的には願い事を頼む相手ではありません。「今日もこの環境をありがとうございました」という淡い感謝と無心を捧げるしか、神に祈る方法はありません。それほど偉大なのが神です。

ただひたすらこの世界に生命力を降り注いでいる存在です。完全なる自由の見地から生命力を降り注いでいます。時間と空間を超えたところから、時間と空間に縛られながら生きている私たちをヒーリングし続ける能力があります。それが神々の役割です。

私たち自身が神社であり仏閣です。この身体が、大自然の力ともつながることができるわけです。

本末転倒なのは、私たちの身体が不浄（ふじょう）であったり、病気であったり、薬がないと生きていけなかったり、自分の容姿が醜いと思い込んでいたり、自分が神や先祖とまったくつながれないと思っていたりすることです。それは最も愚かな考えです。そう考えている人には、「もう死ぬほど苦労してください」と言うしかありません。

霊的世界に対してはとにかく、「助けよ、我を助けよ！」と叫ぶことです。そう叫ぶだけの自信を自分の中に持つ必要もあります。「私は独りでもこの地球を変えられる。だから助けよ！」と、自信をもって叫べばいいのです。

地球を変えるのは、ファッションでもいいし、建築学でもいいし、学問でもなんでもいいのです。「絶対に変えてみせる」という気概が不可欠だということです。歌で世界を変えたいという人もいるでしょう。

そうしたら「私を助けよ」と霊界に向かって叫ぶのです。真摯（しんし）な叫びと祈りがなければいけないのです。祈りはもう射（い）るように祈ります。ぶち抜くように祈るのです。時間空間を超えて叫びを持つことは非常に重要なことです。

何度も言いますが、この全身が仏壇であり神社なのです。

神社は磐座（いわくら）などを使って〝神様を思う場所〟です。〝思う〟ということは神様を〝感じる〟ということでもあります。だから神社に行くことは、神様によって癒（いや）されるということです。癒してもらったり、エネルギーを受け取ったりする場所が神社です。エネルギーに意味はありませんから、ただ癒してもらうということです。

それだけで幸せな気持ちになります。なぜなら、孤独など存在しないことがわかるからです。

実際の霊的世界を受け入れて一番楽しいのは、孤独になりたくてもなれないということです。そこら中に、うるさいくらいご先祖様たちがいます。ご先祖様たちは常にそうしてきました。善も悪も超えて存在しています。美しいも醜いもありません。

天使も、龍神も、七福神も、すべて過去の集積といえる霊的存在です。すべてがシンボルであることを念頭におけば、先入観に振り回されることも少なくなると思います。

先祖が崇る(たた)という話を聞いたことがあります。
ご先祖様にはどのように
接すればいいのでしょうか?

自分の先祖が悪意を持って祟ることなどありません。先祖は子孫を守るのが仕事です。

先ほどもお話ししたように、守護霊を透視すると、ほとんどがご先祖様です。過去において存在した先祖が、今ある子孫を守っているという図式です。そういう世界があります。

先祖はある意味、子孫を守るのが仕事です。過去人は今生きている人たちを守らなければならないのです。それなのに子孫に要求したり、祟ったりすることは、邪道中の邪道です。極悪非道な行いです。

問題は先祖が祟っていると言われたときに、それを信じてしまう、先祖に対する後ろめたさがなぜあるのか、ということです。つまり先祖というのは、自分の身体の中にいます。お墓にもその欠片(かけら)はあります。

それに対して、自分の在りさまはどうなのか、を問うことです。形式の問題ではありません。自分や先祖に対してどういう思いを持っているのかという問題です。お坊さんにもそこに対する思いはありますか、と問いたいです。

檀家さんの先祖の思いと、現在の子孫たちとの思いをつなげることが、僧侶の大事な役割です。僧侶や檀家にその思いがない限り、先祖からも見放されます。

昨今、お寺離れがすさまじいと言われています。どうしてかという視点をちゃんと持たなければいけません。僧侶も檀家も両方ともです。

素晴らしい僧侶もたくさんいますが、さらにお坊さんの技術として研ぎ澄まさなければならないと思います。過去の踏襲だけでは不十分です。僧侶にも、学ばなければならないスピリチュアルなことはたくさんあるはずです。

お坊さんも心霊研究を熱心にするべきです。これからはそういうお坊さんがもっと増えていくと思います。

過去を踏襲していくだけの原理主義的なものは消えていきます。お寺側も子孫も、双方が先祖と接していくためのあるべき姿をきちんと理解する必要があると思います。

お金に愛される人は霊の力を得ているというのは本当ですか？

ある意味、本当です。
要は、霊に助けたいと思わせることができるかどうかです。

日本では古来、お金を生き物であるかのように扱ってきました。「お金に愛される」という表現も、既にお金を擬人化しています。

江戸時代以前の古い文献にも、「金魂（かねだま）」といってお金の霊がいるのだという思想が出てきます。お金の精霊みたいなのがいる、と。

つまり、日本人にとって昔からお金には霊が宿るという考えが浸透していました。『古事記』にも思金神（おもいかねのかみ）という神様が登場しますが、「思い」と「お金」が連動していることを示唆（しさ）している神名です。

お金は、人間の社会における「約束」の証（あかし）です。モノが買える自由度で、相手のサービスを規定するのがお金です。

そのお金が優先的に自分の懐に入ってくる人たちというのは、人の感情によりよく合わせた人たち、あるいは人の思いに寄り添った人たちです。相手を気持ちよくさせるサービスをたくさん提供した人たちが、大きなお金を得ます。だから愛情とお金は連動するのです。

さらにそれを効率化させて、小さな労力でたくさんの人たちを喜ばせるようなことを発明した人が、大きなビジネスを展開することもできるわけです。

しかしながら、霊的な加護によってお金が得られる面というのは、そうした努力の上に存在します。だからまず人の気持ちに寄り添って、喜ばせるという努力が不可欠なわけです。

それをしないで、神頼みとか霊頼みをしてお金を得ようというのは論外です。「努力をしなくても、霊に頼めば家で寝ていてもお金が入ってきます」みたいなことを言う霊能者がいたら、それもインチキです。

人を良い感情にする努力をしたうえで、さらに霊的なものに加護を頼むというのであれば、あるいは人のためになるからという目的をしっかりと掲げて、霊的なものに直感力を高めてくれというのであれば、それはあり得る話です。

つまり、「霊に何を守ってもらおうとするか」ということが大事なのです。お金を手に入れることを手伝ってくれという人が、そのお金を得ても人の役に立たないことに使ったり、ただお金を貯め込んだりするのであれば、霊が助ける意味がまったくないわけです。

霊の加護を得るためには、少なくともお金の使い道がたくさんの人たちを助けるのだとか、楽しませるのだという目的で合致する必要があります。霊的なものや、宇宙のスピリットというか宇宙の存在は、おそらくそこを見ています。

別の言い方をすると、宇宙的な大自然の美しさと、お金と、自分の心と、人が集まった社会や集団や組織——これらがそれぞれ等しく価値があるものとして見ることができるようなバランスが求められているのです。

私はよく、宇宙人から教わった「M＝M＝C＝C」という等式を引き合いに出します。「マインド（心）＝マネー（お金）＝コスモス（宇宙）＝カンパニー（会社）」です。

この四つが美しいイメージ、清らかなイメージ、安らぐイメージで一つにつながれるかどうか、同じ価値観で見ることができるかどうかが、企業経営においても人生においても重要なことだというわけです。

そういう見方をしながら一生懸命仕事をする（つまりこれこそが「修行」という言葉

の本当の意味です）と、当然霊的な加護をもらえます。言い換えると、霊はそのような価値観を持っている人を少しでも助けようとします。

しかしながら、霊の加護というものは、非常に重要なときや、ものすごく困ったときに、ちょっと人に会わせるとか、ちょっとした情報が得られるとか、そういった形で現れることが多いです。手取り足取り、何でも助けてくれるわけではありません。

頭上から一億円の札束の入ったジェラルミンのケースが降ってくるような奇跡は、単純に人を「奇跡中毒」にさせるだけです。

霊の加護はそのようなものではありません。結構、そのような奇跡中毒を蔓延させている宗教団体もありますが、本当の霊の加護とは矛盾があるように思います。

「お金にまつわる霊的な加護」を受けるための五カ条

とはいうものの、私たちの霊能の世界では、ご先祖様に祈りや願いをかけると、意外とお金が入って来るという面があるのも事実です。しないよりはしたほうが経済的に満たされてきます。

啓示でとんでもない額の宝くじを当てたという人もいれば、高額の賞金が霊感で得られたという人もたくさんいます。ただし、欲で興奮していると当たりません。気負うと当たらないこともよくあります。

いずれにせよ、霊的な加護をお金にまつわる問題できちんと受けるためのプロセスは知っておいたほうがいいです。プロセスは次の通りです。

①　人の感情に合わせる。
②　お金を稼ぐ努力はちゃんとする。
③　そのうえで、先祖の力を信じ、先祖を大切に思いながら先祖に自分がやりたいことを祈る。
④　その際、お金を得たら何をやりたいのか、どう自由になりたいのか、それがどれだけ世の中を楽しませられるのかという目的の設定を明確にし、そのイメージの中に住む。
⑤　ちゃんと「M＝M＝C＝C」のバランスが取れているかを確認する。

このプロセスをきちんと守れば、霊の加護は自然と得られると思います。どこまで祈ると加護が得られるかも、何度もやっていくうちにわかってきます。実際に祈ってみてください。そして先祖を感じてみてください。そして、その結果をちゃんと見ていけば、コツをつかめると思います。

私自身も「ここから先は先祖にお願いしなければアカンかな」と思うときがあります。その頃合いがわかってきます。私たちは祈りのプロで、人の体質や性質も変える「幸せのプロ」ですから、自分のことでも他人のことでもタイミングがよくわかるのです。

その体験から言わせてもらうと、えてして短絡的なご利益（りやく）主義の人ほど、霊の加護を受けるにはほど遠いようです。悲壮な祈りをする人も同様です。「頼むから、神様お願いします」と祈る人は、その悲壮感だけが現実化することが多いです。

お金も仕事も、実は自分のためにあるわけではありません。他人のためのものです。いくらお金を貯めても、自分のためにできることなんて、四畳半ほどの寝床を確保することと、食事をすることくらいです。あとは全部贅沢（ぜいたく）です。

贅沢とはどういうことかというと、並み居る商売人にお金を使うことです。贅沢は自分のためにならないのです。実はただ、商売人のところにお金が移転するだけです。

ひと昔前、バブル景気で儲けた土建屋さんたちが、飲み屋で豪快に大金を使ってくれたから世の中が繁栄しました。彼らは飲食店のためにお金を使ったのです。だからお金は、自分のためにはそう使えないものであることがわかるでしょう。

逆にお金を得られない人がよく間違うのは、「あんなに儲けた奴がいるからオレたちは儲からないんだ」と勘違いすることです。

本当は、たくさんの人から愛された分だけお金が入ってくるのです。

お金と愛情は連動しています。愛されればお金は入ってくるし、愛されなければお金は入ってきません。そこは非常にシビアです。

先祖が見せてくれるシンボルや霊的情報

正しい祈り方のコツを教えてください?

簡単です。

楽しく、大きく、ポジティブにイメージすることです。

「正しい祈り」「本当の祈り」というものは、悲壮な祈りであってはいけないわけです。既に満たされた状態を、頭の中に何度も何度も繰り返してイメージして「ああ、気持ちがいい」と感じることが本物の祈りなのです。

つまり、今までたくさん苦労させてきた人に何とか報いようと悲壮感をもって祈るのではなくて、そこにいい思いをさせてあげられる未来があることが既に決まっている、そのためのお金だってふんだんに与えられる、そう感じてみることです。

反対にやってはいけないのは、悲壮な祈りと、あともう一つは、あまりにもお気楽主義で、努力しないで〝丸投げ〟する祈りです。かつ、設定の小さい祈りもダメです。

意外に思われるかもしれませんが、大きく祈ることも重要です。「私は地球でいちばん大きな屋敷に住んでいるぞ」と自己イメージを描けるのが人間の特権です。そういう喜びをイメージして既に所有していると描ければいいのです。何も張りぼての大型レジャー施設に行く必要はないのです。そのようなところに行くお金があるのだったら、もっと良い使い道があるはずです。

祈るときのポイントをまとめておきましょう。

①　悲壮感をなくします。

②　しかるべき努力もせずに、丸投げの祈りはしない。その際、努力を楽しむ方策を考えて、楽しみながら努力します。

③　祈るときは、既に得られている、既にいっぱいあると感じます。

④　その既に満たされたという感覚の中で、「こんなにたくさんあるお金を使って、もっと楽しく自由になるには、何をしたらいいかな。そうだ、学校作っちゃおうかな」とか「これまで苦労を掛けた人たちを楽しませよう。それでもまだお金が降ってくる」などとイメージを膨らませていきます。

⑤　とにかく小さく設定してはいけません。大きくポジティブにイメージします。

そのほかに、何でも面白がることも大切です。何でも楽しみに変える習慣を身に付けることです。そのような考え方を習慣付けることです。そうすれば、祈りは必ず通じます。

私がそのことに気がついたのは、二十歳前くらいでした。超能力少年や少女が大勢集まって話をする機会がたくさんあったのですが、同じような超能力を持っていても、幸せになる人と不幸せになる人がいることに気づきました。「超能力」と「幸せ」がイコールではないとわかったわけです。で、どうしたらいいか、考えました。

どうやら超能力の手前の段階で問題があるように思われたので、いろいろ実験をしてみたのです。たとえば、くじを引きに行ったり、パチンコをやりに行ったり、カジノで賭け事をしてみたりして、どういう心の状態だとうまくいったり、うまくいかなかったりするかを徹底的に実験してみました。

その結果、微妙な心の状態の変化が「運」と「不運」を分ける大きな要因になっていることがわかってきたのです。

まず自分の心を喜ばせるということが非常に大変な作業であるということに気がつきました。丁寧に、贅沢に、大きくやらなければならないこともわかりました。

それは祈りに通じるものがあるわけです。上手(うま)くいく秘訣は、まず、既にたくさんのものが得られていると頭の中に描くことでした。欲しいものは既に全部あるのだとイメージするのです。

逆に失敗するときは、イライラ、カリカリしているときです。後ろめたさがあったりしても、うまくいきません。

本当に大らかな気持ちで、心から楽しむことができれば、すべてがうまくいくということがわかりました。それが霊や超能力を味方につけるコツでもあります。

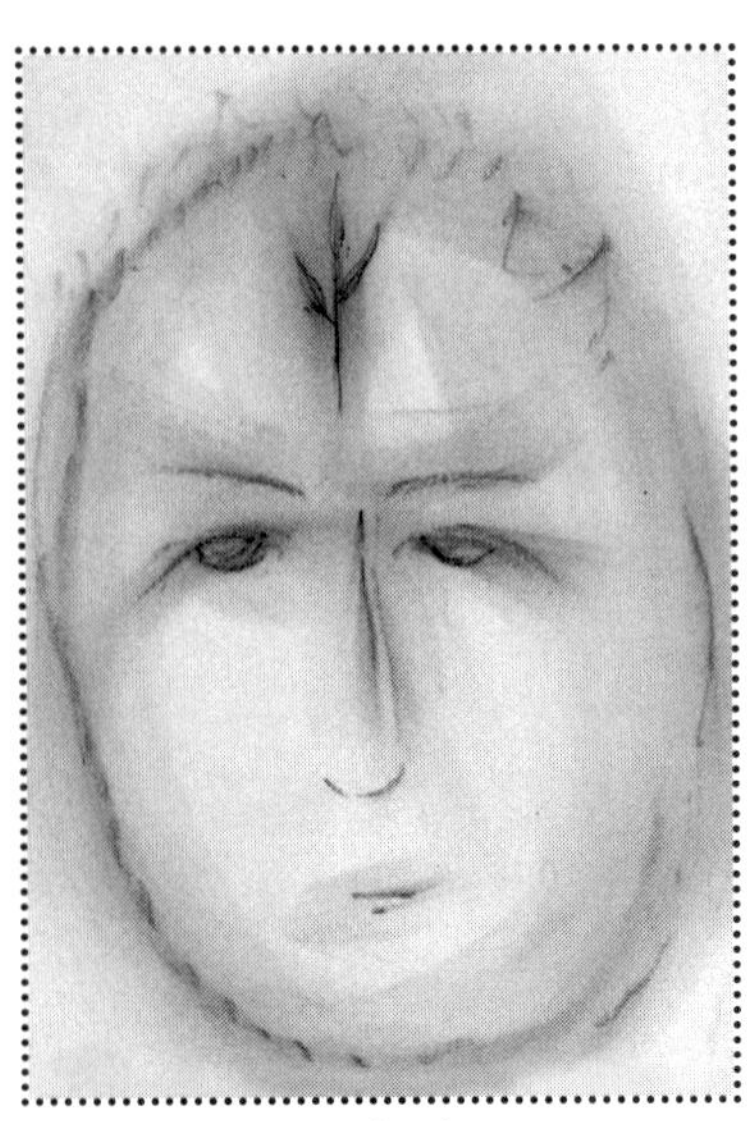

額にシンボルを見せる
巨大精霊（自然神）

前世の因縁と身体のアザとには
関係があるのですか？
先祖からの因縁には
どのような姿勢で臨むべきなのでしょうか？

「カルマ」と呼ばれる先祖からの癖や習慣だけでなく、前世からの習慣や経験も身体に残ることがあります。

つまり、前世の経験がアザとなって残る場合が確かにあります。それは、忘れたくないから、あるいは、忘れるにはまだ時期尚早だから、何かしらの「痕（あと）」となって残るわけです。

そういう場合は、もう一度前世を丁寧に思い出して、どういう態度を取ればいいか覚悟ができた瞬間に、その運命を繰り返さなくてよくなります。問題点を正確に把握して考えれば、その「痕」が消えることもあります。

アザは前世で刺されたとか撃たれたとかの傷痕の場合が多いです。戦争経験のある人に生まれつきアザがある例も多いです。私の場合は、手の指にあります。刀傷ですが、同じ場所は別の前世で鉄砲でも撃たれています。

指を切るということは、人が嫌いだという感情とかかわっています。指は「人との感情」を表しています。だから私にはそういう因（いん）があったから、人とのかかわりをもう一度考えるという宿命があったわけです。

先祖からの課題は、それをきちんと自分の中で完成させることです。調子づいて深入りしない、ということも重要です。

対立する因縁というのは、対立させておかなければならないという面もあります。対立することによって、成し遂げられるものもあるからです。

刹那(せつな)の善悪とは関係のないところで、対立が必要なことがあるのです。長い過去の歴史の中で対立によって消化させなければならないものもたくさんあるわけです。それはそれで、放っておくしかありません。かかわらない慈悲(じひ)も必要です。

変なお節介をして、喧嘩の仲裁に入って殴られて死んでしまった人もいます。だからこそ、何が本当に助けたことになるのか、が重要です。放っておくことが助けたことになるのかもしれません。

難しいケースに遭遇したときは、大きな視点でモノが見えている意識とチャネリングをします。特に自分が迷っているときは、大きな視点を持つ意識に聞いて、迷いを断ち切ってもらうにかぎります。

すると、「ここは突き放すべきだ」とか「ここはかかわってはいけない」とか「ここは嫌だと思うかもしれないけど、かかわりなさい」とか言ってきます。

そのときは理由がわかりませんが、後になってからどうしてそういう決断が必要だったかがわかります。

先祖の強い力を感じる霊界からの情報

霊能者から「あなたにはキツネが憑いている」などと言われたら、どのように対処すればいいのでしょうか？

キツネが象徴する意味を理解することです。怖がる必要は全くありません。

昔から「キツネが憑いている」とかよく言われているようですが、キツネなんかもう絶滅危惧種ですから、そんなにあちらこちらで憑いているなんてことはありません(笑)。

確かに昔からキツネ憑き、タヌキ憑き、ヘビ憑きというのはありました。明治時代には〝三大憑き物ブランド〟でした。でも、これは象徴的なものです。

キツネに代表される霊系があり、やはり存在しています。稲荷・お稲荷さんとか、犬神とか言われた霊系というのは確かにあるのだから不思議です。

それとは別の四本足系で、タヌキに代表されるタヌキやネコの霊系もあります。ネコなんかはもともと、日本にはいませんでした。リビアネコといって、アフリカとかインドにいた動物なのに今ではすっかり根付いています。

だからといって、同じ四本足でもネズミ憑きとかは聞いたことがありませんよね。ネズミは、街中にはあんなにたくさんいるのに、憑くネズミはほとんどいません。

実際に生きているキツネとかタヌキとかヘビが憑くケースもありますが、むしろそれは稀なケースです。一般的には、非常に象徴的なラベルとか、能力者が見るイメージだと思ってください。

たとえば、イヌ・キツネ系は、「イヌ」とか「イナリ」と呼ばれますが、これは人間をはじめとするあらゆる動物の「暴走した念」と深くかかわっています。特に欲望や願望にかかわっています。

これに対してタヌキ・ネコ系は、嫉妬心に深くかかわっています。嫉妬とか、競い合う心の良し悪しとかにかかわっています。そういうアーキタイプ（人類の集合無意識の中に普遍的にあるとみられる、イメージを生み出す「元」）です。「ほかの人と私は違うんだ」という心ですね。差別や区別する心も含みます。

最後にヘビ系は、一点集中型の、激しい念と深くかかわっています。怨（うら）みや根深い思いとかかわっています。イヌ・キツネ系は願望と欲望、つまり「モノ」とかかわることが多いのですが、ヘビ系は「心」対「心」の絡み合いです。「好きだ。死ぬほど好きだ。だから殺してしまえ」みたいな情念です。

そういう人間の思いの在りさまに、そういう感情と激しく反応する動物がラベルとして貼り付けられた状態が「憑依」です。シンボル的にその人にくっついているわけです。要は「熊注意」とか「マムシに注意」の看板みたいなものです。人間にそんなラベルが貼り付けられているわけです。

どうしてそうなるかというと、人間の感情はその個人から分離して、俗に言う「生霊」みたいなものになるからです。人間の感情が幽体離脱して相手に影響を与えたりするのもこのためです。本人が死んでもなおその場に付着したり、死んでも動き回ったりすることがあります。霊能者から見れば、形態別に「浮遊霊」、「地縛霊」、「生霊」という言葉に翻訳されます。

そうした霊は、「同質結集の法則」により、同じ感情を持つ人間にくっついたりします。だからキツネが憑いていると言われたら、「ああ、ちょっと今日は欲望や願望が暴走しているかもしれないな。キツネ注意」と思えばいいわけです。

同じような感情がなければ、くっつくことはありません。だから、その場所に行ったら誰もが地縛霊に憑かれるということがあるわけでもありません。憑くということは、自業自得の現象です。自分に同じような感情があるから憑くのです。

たとえばAというダークスポットがあって、その場所に行った人がみんな死んだら、その場所には誰も行かなくなりますよね。そうすると、地縛霊は成り立たなくなってしまうのです。逆にそんな場所で元気になる人もいます。願望や欲望が少し足りない人は、キツネや犬神に憑かれることによって願望実現へのパワーが強まるかもしれません。

怪奇小説家は昔から、ダークスポットに行くと良い小説が閃(ひらめ)くので出世すると言われています。普通の小説家でも、けっこう怪しい場所に住んでいるケースを見受けます。水商売の人も、そういうダークスポットがいいとも聞きます。芸能人なんかは、そういう情念の一つや二つ憑いていなければ、大物になれません。悔しさとか、激しい思いとか、やり続ける思いとかがなければやっていけません。

ある意味、激しいダークな「念」と同時に、それをしのぐ「やる気」があればいいんです。両方必要なのです。

逆に言えば、やる気のある人ほどダークな念を持っています。人間個人の内にある善なる側面と悪なる側面は、両側に同じだけベクトルが長いのです。善に強い人間は悪にも強いです。善に弱い人間は悪にも弱いです。これは個人の深みという問題です。それを「善悪二元論」で切ろうとするからおかしくなります。人間は暗い側面と明るい側面の両方を持っていていいのです。

だから一概にキツネに憑かれることが悪いわけではありません。おそらくその人が「欲望の暴走」などを学ぶのに必要だからキツネが憑くこともあるのだと思います。

一方、ヘビに憑かれたとされる場合は、ヘビは獲物をグルグル巻きにしますから支配欲が強い霊なのではないかとみる人もいますが、私は手も足もないヘビに支配欲があるとは思えません。支配欲が強いのは人間だと思います。人間という化け物は支配欲が大好物です。

でもそれは人間の性（さが）でもあります。人間にはどこかで他人を自分の思うようにしたいという欲望があるからです。だから私たちは、その性と向き合いながら、自分や他人がどのようにしたらお互いに幸せになれるのかを常に模索していく必要があるわけです。

霊能者は確かに、ナントカギツネが憑いているとか、ヘビの怨念が取り憑いているなどと説明することが多いのも事実です。そこから妄想を広げて説明してしまう霊能者もいます。ヘビが好きな人もいれば、カエルを好きな霊能者もいます。だから霊能者の言うことを鵜呑（うの）みにするのではなくて、自分にとって重要な利点と意味がどこに存在するかを見極める必要が相談者側にもあるわけです。

龍神や七福神といった「神系」も
この世界には存在するのですか？

存在します。

先ほど説明したキツネやタヌキといった、いわゆる動物霊と同様に、
基本的には人間がかかわる感情とか
心の在りさまのシンボルとして存在します。

もっとも、シンボルではなくて「霊獣（れいじゅう）」と呼ばれているような存在もあります。「妖精」とか「妖怪」と呼ばれているようなものも、全く存在しないわけではありません。

私たちが存在しているこの宇宙には、他に二つくらいの宇宙が交差しています。その異なる二つの宇宙は何が違うかというと、「構成」が違います。時間や空間の在りさまも違います。

問題は、霊的世界とか、あるいはＵＦＯや宇宙人とのチャネリングの世界があるのですが、この世界もそれぞれ違うということです。

霊界は過去が重んじられている世界です。幽霊というのは基本的に過去人ですから。

これに対してＵＦＯの世界は、未来の世界です。宇宙人はよく「土星から来た」とか

「金星から来た」などと言います。なぜそんなことを言うかというと、数千年後には人類はそうした惑星で暮らしているからです。彼らは未来の土星や未来の金星から来ている「未来人」です。

基本的には、過去寄りの世界と未来寄りの世界があります。過去を基準にしたのが霊界であり、未来を基準にしたのが宇宙人やＵＦＯの世界であると考えてください。どちらの世界に住む〝人たち〟も時間には自由で、いつでもどこからでもひょいと出てくるわけです。

その中で、龍神とか七福神というのは、過去の存在と深くかかわっています。龍神はいくつかのシンボルが複合的に存在していますが、芯になる意識の集合体は過去においてこの惑星の支配者だった恐竜の意識です。「ドラゴンマインド」です。恐竜の意識というのは進化の過程で人間に入り込み、私たちの頭の中にも存在しています。恐竜脳とかトカゲ脳というのがあります。

精神世界ではそれを宇宙人と混在させてしまって、「トカゲ宇宙人が来ている」とか言う人もいます。あれは一つの象徴としてトカゲ宇宙人を見ているのです。

恐竜脳的なものというのは、あるいは龍神が象徴するものは、激しい力で未来を切り開いていくエネルギーです。時空を切り裂いて、ものごとの流れを変えていく力の象徴です。

しかし、その力も原子力と同じで、人への愛情として龍神を育てていくのか、龍神と共にあるのか、それとも怨念と結びついて自分の心にブラックドラゴンを宿らせてしまうのか、それによって未来は分かれていきます。

龍神には善も悪もないわけです。ある種の過去の妖怪であるとみることもできます。

七福神も基本的には同じです。いろいろなものが混在しています。たとえば、地方の豪族とか、特に日本に住んでいた多国籍人たちの集合無意識とか、私たちの中にあるいろいろな民族の遺伝子とかかわっています。

明治以降は七福神にビリケン（二〇世紀の初めにアメリカ発で世界中に流行した「幸福の神様」）が加わって八福神になったと言われていますが、どちらにしてもある意識の集合体がシンボル化したものです。

ただし、そうした世界の捉え方は霊能者によって違うかもしれません。異論もあるでしょう。でも過去の霊界論も、少しも根拠があるようには思えません。江戸時代以降も霊的な世界の捉え方はコロコロ変わっています。西洋のスピリチュアリズムの影響を受けて、霊界の見方も大きく変質しています。「守護霊」なども新しい言葉です。西洋の「守護天使」を訳したものだとされています。

つまり時代に応じて、神系のシンボルも変わるということです。

「嘘をつくと閻魔大王がその人の舌を抜く」
と言いますが、
霊的にはどういう意味や教訓があるのですか？

「嘘つきは地獄の始まり」という教訓です。

ところが由々しきことは、「嘘をつくと得をする」という面が昨今の社会の中に生じてきていることです。二〇一六年の米大統領選でも、フェイクニュースが幅を利かせました。はったりと嘘の面白さでジャブジャブの選挙でした。

オカルト界もフェイクニュースで儲けている人はたくさんいます。しかも、そのフェイクニュースを吟味しながら、「オレの映像は本物だ」みたいな人もいます。そういう人間が一番ズルいかもしれません。

もう一つの教訓は、邪悪さに騙されないということです。他人を不幸に陥れることがわかっているのに、それを行動に移して利益を得ることは、邪悪以外の何ものでもありません。ある意味サディスティックな人たちが世の中を動かす力を持ってしまうのは、私たちが一番気をつけなければいけないことです。そこにこそ、徹底的に目を光らせていかなければなりません。

しかも彼らは、えてしてオカルトを利用します。その被害たるや、オカルト側は千年単位で受けています。「オカルトをエゴで弄(いじ)ると、祟(たた)りがありますよ」と私は言いたいです。いずれ自分自身で苦しくなるはずです。

嘘を流して、民衆を群れのように操作するのはもってのほかなのは言うまでもありませんが、そもそも個々の信念は群れる必要はないはずです。祈るときには集団で祈ったほうが楽しいものですが、それ以外は群れる必要は全くありません。

群れているから嘘をつきたくなるという面もあるでしょう。そこのところを厳しく自戒していくべきです。

寺社のお参りの方法を誤ると祟りがある、というのは本当ですか？

それは極論です。

もしお参りして祟りがあるのだったら、

誰も寺社にお参りに行かなくなっているはずです。

そもそも現代人は、祟りの性質とは何かということを見失っています。祟りとか、障りとかよく言われるものは、間違って信じることによって生命が脅かされることです。間違って信じることは邪心です。祟りはその邪心の結果です。逆に邪心があったかどうかは祟りがあったらわかります。

神様や先祖が、本人の邪心を訂正するときに現れるのが祟りなのです。邪心が訂正されない限り、不幸が連鎖するわけです。だから祟りが現れたら、何が間違っているかを考えて、それを訂正すれば終わります。それだけの話です。

私たちの心にしても、自分の中にある後ろめたさで自分を罰しています。「自己処罰機能」というもので、自分自身が自分自身に対して祟ることがあります。それによって、首が痛くなったり、頭が痛くなったり、足が痛くなったりすることがあるわけです。つまり、後ろめたさがあってやっているということは、間違っているということです。それを正せばいいだけです。

その場合、後ろめたさなどないとどんなに信じ込もうとしても、無意識の後ろめたさは必ずあります。そこからは逃げられません。その無意識の後ろめたさが自分自身を罰するのです。

その後ろめたさを緩和する方法はいくつかあります。

たとえば、努力しないで競馬で儲けたら、そのお金をパーッと使ってしまう手もあります。あるいは、Aさんに悪いことをして怒らせて絶交してしまったとします。それが後ろめたかったら、すぐさま誰か別の人を探して、その人に良くしてあげることによっても後ろめたさは緩和されます。

もちろん、本当に後ろめたさを消すには、Aさんと仲直りするのが一番です。でもそれができないなら、自分の中でバランスを取るだけでも、結構楽になるはずです。最初から仲違(なかたが)いをしないようにするのが一番ですけどね。それでも喧嘩は起こります。

いずれにせよ、祟りというのはそういうものだと思ってください。

だから寺社で作法を間違えたからといって祟りがあることはありません。逆にそう言われているのだとしたら、そこに問題があります。神社仏閣で確かに「作法がなっていない」とそればかり言う人もいます。それによって人を恫喝したりする宗教者もいますが、それは論外です。祟りは脅す人のほうに行きます。

　気づかないでうっかり聖域などの禁制区に入って祟りがあるということも、その人の〝邪心〟の程度によって可能性としてはありえますが、そうそうあるわけではありません。無邪気な子供や動物が禁制区に入っても、祟りがあったという話は聞いたことがありません。

　原理主義的な宗教の悪いところは、原理原則ばかりにこだわると、人の自由を奪って不幸にすることがある点です。

　たとえば「儀礼」は、その意味がわかっている人のための修行です。その修行をやるかやらないかを問うてもいないのに、いきなり「儀礼を守れ」というのは滅茶苦茶な話です。単なる信仰者のわがままです。その儀礼や礼節を守れというのなら、その意味をきちんと説明して、しっかりと広報する必要があります。

　もうずいぶん前に私は、パワースポットという言葉を最初に流行(はや)らせました。当時は信仰対象の場所に行くと、お寺さんはけっこう裕福でした。ところが神社さんは、経営的にとても大変そうでした。だから、「神社にたくさん人が来るといいな」と考えて、パワースポットを流行らせた面もありました。神社に対する一つの思いやりがあって、パワースポットの概念を提唱したのです。

ところが、パワースポットのようなものが流行ったので、儀礼を知らない素人(しろうと)が山のように神社に押しよせて迷惑だという人たちが出てきました。パワースポットブームに乗るなというお触れを出した神社もありました。一方で、ブームに乗って参拝者を増やした神社もあります。

私は神道も仏教も修験道も愛しています。しかし宗教界の一部には、ワガママで原理主義の人がいて、ちょっとがっかりしています。

神社の経営は本当に大変だということを私はよく知っています。だからこそ、神社の責任者の方々には、変に頑(かたく)なになったりして私をがっかりさせないでください、とお願いしたいです。「神国日本」などといって、威張っている場合ではないと思います。もっと謙虚に身を正すべきです。

檀家も氏子も減ってきています。いろいろと話を聞いてみると、もてなしの努力がどうも足らないようです。我が強い人が多いのです。自分の宗教は絶対で、教義はこうで、儀礼はこうで、それ以外はまかりならん、という人も多いようです。でも、そうした姿勢に対して「ノー」を突きつけている、それが昨今の宗教離れの原因なのです。

私は宗教は本来すばらしいものだと思いますが、自分の宗派外の人と、どう付き合い、どう寄り添うかが大切だと考えています。人間としてのごくフツーの礼儀やもてなしが通らないとすれば、その宗教はオシマイです。

「引き寄せの法則」と「霊能」は関係がありますか？

霊的な性質と関係はあります。ただし霊能力の強さに関係なく、「引き寄せ」はごく普通に起こる現象です。

最近「引き寄せの法則」が流行(はや)っていますが、「引き寄せ」の定義がいまだにはっきりしていない面があります。で、そうした本を読むと、必要なものが人よりもすばやく、かつタイミングよく入ってくる現象、もっと一般的には「円滑現象」のことを「引き寄せ」と呼んでいるようです。

そうだとすると、それは人知の及ばない現象なので、当然、霊的な性質が働いていることになります。「この人を自由に、精神的に楽にしてあげれば、この人はよりたくさんの人を楽しませて幸せにするだろう」というご加護が働いたのだと思っています。だから「引き寄せの法則」と霊的な性質は間違いなく深い関係にあります。

この場合の「ご加護」とは、先祖たちの霊の加護の場合もあるし、宇宙の法則に則(のっと)った力(パワー)でもあります。先祖たちのご加護も宇宙の法則の中で働いているからです。

要は、良い感情でものごとをする人は栄え、悪い感情で物事をする人は滅んでいく、ということです。

良い感情の人がどうして栄えていくかというと、皆、良い感情で楽しそうにしている人のところにお金を持ってくるし、その人のところからモノを買おうと思うし、その人のそばにいると幸せだと感じるからです。非常に単純な話です。

だから私に言わせれば、「引き寄せの法則」などとカギカッコで括(くく)るような現象ではないわけです。みんな知っていることです。

ちゃんと霊的なつながりと喜びを感じていれば、引き寄せなどは当たり前のように、ごく普通に起こります。

ただし、「引き寄せの法則」なるものがあるのだとしたら、間違ったことを盲信することによってすべてをなくしていく「はぎ取られの法則」もあると思います。全部はぎ取られていく、みんな離れていってしまう現象です。

それも同じ原理です。その人に会いに行って、良い感情になれなかったら、みんな離れていきます。楽しくて幸せになれると感じれば、引き寄せられ、逆の場合は離れていきます。「あの人、ちょっと重いな」と感じることは結構ありますからね。

また、人も変わっていきます。嫌な感情を使う人を孤立させて、良い感情を使う人を寂(さび)しくさせないという本能があるようなものです。

とにかく、良い感情でいられるかどうかで、すべてが決まるわけです。

男女関係がうまくいかないのは霊のせいでしょうか？

恋愛と人の出会いに関しては、最も霊的な影響が強く出ます。それを「霊のせい」にしていいのかどうかはわかりませんが、霊的な影響が垣間見られることが多いのも事実です。

それというのも、霊は出会いを助けるものだからです。霊は「出会う」ことに対して影響を与えます。

ただ、何でもかんでも霊に任せて「出会い」を待っていればいいというものではありません。出会おうと思って、出会える場所に行かないと、「出会い」は起こらないわけです。一日じゅう家の中にいたら、トラックが突っ込んできて、そのトラックの運転手と恋に落ちたなどということはそうはありません。

では恋愛がうまくいかない場合はどうかというと、ある意味、「霊のせい」かもしれません。「霊のせい」だとすれば、なぜ霊がそのような「運び」や「導き」をしたのかを考えなければいけません。「霊のせい」にするなら、なぜそうなったかを考えるべきです。

守護霊は最善の導きしかしません。なぜその最善の結果が、こんなにも不幸なのかと考えたときに、自分の力量がわかってきます。

一方で、生霊（いきりょう）などの人間が放つ思念が男女関係に影響を与えることもありえなくはないです。恋愛とビジネスに関しては、生霊などは飛びまくっています。生霊だらけです。一人の人間でも、まるでいくつもの風船を放つように多くの生霊を放っているのが現状です。

しかし問題は、その生霊を受容するかどうかなのです。「生霊にやられた」という人は当然、後ろめたいからやられるのです。言い換えると、受容するということは、後ろめたいから受容するわけです。

生霊は、確かに一番怖いです。死霊などよりよほど怖い。なぜ後ろめたく感じるかというと、自分も同じような生霊を飛ばしていることを知っているからです。だから生霊は相互作用なのです。生霊を飛ばすから、同じような生霊が返ってくるのです。生霊の空中戦があるわけです。

生霊はいわば〝しがらみ〟です。執着心が強く、まとわりついたり、堰（せ）き止めたりします。

その生霊を受容しないようにするためには、執着を捨てて、すぐにケロッとして次に移ることです。感情を切り替えることです。「まあ、いいか。しょうがないな、じゃあ次」みたいな感じがいいです。いつまでも根に思っていて、生霊を飛ばし続けると、同じような生霊がその分だけまとわりついてきます。

喜びを運んでくるのも人間なら、不幸を運んでくるのも人間です。だから「人は人」です。他人のことはどうでもいいから、自分は執着しなければいいわけです。もちろん言うべきことはきちんと言ってもいいのです。間違いは間違いだと言うべきです。だけど、固執しない。あとは楽しい人と会話をし、感情を切り替える――それでいいのです。

「生霊って、本当にきついですよね」と言う人もいますが、一番きつい生霊を飛ばしているのが本人です。「たくさんの生霊に責められている」と言うのなら、最も多くの生霊を飛ばしているのが本人です。人を責めるということは、生霊を飛ばすということです。責めないために間違いを正すという気持ちであるならばいいでしょう。

その際に注意すべきことは、「あの人はこうなってくれればいいのに」と思うこと自体が、思った段階から既にエゴだということに気がつくことです。そのようにいつも自覚すべきです。それは思いやりでもなんでもありません。エゴです。自分のエゴの境界に気づいてさえいれば、そうそう後ろめたくはならないはずです。

だから常に自分の感情や思いをチェックするべきです。それはエゴから出たものではないか、常に自問自答してください。意識化しておけば、自分の誤り、すなわちエゴの暴走にも気がつくはずです。

自分のエゴを甘く評価する人は、必然的にドンドン後ろめたくなります。後ろめたさがあれば、それだけ生霊にも付け込まれやすいわけです。

逆に、この感情がダメだということにはっきりと自分が気づけば、やめられるのです。はっきりと気がつかないからやめないのです。

「あの人がこうあってくれれば」と、自分が愛情から言っていると思い込んでいるからおかしくなるのです。それが傲慢です。

エゴや傲慢に陥らないように、常に自分の感情を意識して気をつけるべきでしょう。

生霊（念）が憑く現象

守護霊が存在するように、
悪霊も存在するのでしょうか？

これも定義の問題ですが、悪霊みたいなものはいます。

ただ、「守護霊とは何か」、「悪霊とは何か」という定義があいまいなので、皆言っていることがバラバラになっているだけです。

守護霊という概念はもともと、心霊学にはありませんでした。日本で独自に発達した面があります。「個人を守る必要がある」という霊はやはり先祖の霊です。だから守護霊はほとんどがご先祖様です。

この点ははっきりとして見定めておかなければなりません。

先祖が子孫をどれだけ守ることに成功したかによって、先祖の霊は出世していきます。つまり霊的にドンドン自由になっていくのです。その自由さの象徴が羽や翼に現れるのです。

羽は自由のシンボルです。翼をばたつかせているのが天使なのではなく、自由のシンボルが翼なのです。たくさんの人の祈りを叶えたりすると、大天使になるわけです。仏教で言うと、如来（にょらい）や菩薩（ぼさつ）です。

これに対して悪霊というのは、心を塞ぐ霊のことです。強制的に相手の心を塞いだり、相手を抑制したり、陥れたり、あるいはそれを楽しんだりする霊です。それが悪霊なのです。

しかしながら、それらを楽しめる霊というのは、そうたくさんはいません。みなさんが思っているほど悪霊は多くありません。どちらかと言うと、絶滅危惧種です。でも、たまにいます。

それは生霊の場合もあれば、死んだ人の「魄」、すなわち「残留思念の塊」だったりします。

たとえば、ある場所で殺人事件があったとします。被害者は怨念となり、加害者もその場所で自殺して怨念と化した場合、その場所に怨念として取り憑くわけです。いわゆる「地縛霊」と呼ばれるものがそうですが、その場所でその後も次々といろいろな人が巻き込まれて死んだりする現象が起こります。

そうした亡くなった人たちの霊が、一つに固まってチーズのような状態になったのが悪霊です。巨大な怨みの塊、地縛霊の凝固化したものです。

それとは別に、ごく稀に真っ黒な玉みたいなものが浮遊して移動しているのを見ることもあります。これも悪霊、邪霊です。土地に憑くのではなく、自分の居場所を探してフラフラ移動するわけです。

この黒い玉の悪霊は、人を恨むことを喜んでいる怨念そのもので、それが正当な怨念であるために悪霊化したものでもあります。正当な怨みがあったわけです。なぜなら善を通すよりも悪を通すほうが大変だからです。その大変な悪を貫き通すには、よほど正当な理由がなければやっていけません。「敵討ちオーケー」みたいな話です。

ただしその悪霊は既に、「敵」が誰であるかも見失っています。ですから、何を探すかというと、自分の「正当で、すがすがしい怨念」に共鳴するような感情を持っている人間を探しているわけです。その人間に憑くしかありません。それが唯一、〝自分〟が生き残ることができる道だからです。

憑依することができた場合、その怨念は増幅されて、ナイフを手にして政治家を刺しに行ったりとか、逆恨みして恋人を殺したりするようになります。そういう事件を起こしたりするケースがごく稀にあります。

だけど、そのような悪霊は、よほど確信犯として研ぎ澄まされた邪悪な念力を持っている人間にしか憑依しません。だからもし、邪悪な念力を持つ人が悪霊に憑依されて、地縛霊がウヨウヨいるような邪悪な場所に行った場合、とんでもないことが起こります。逆に聖なる場所に聖なる人が行けば、そこからいろいろなパワーが始まります。

パワースポットとダークスポットは、人間が形成する場合が多いのです。

私も、そうした悪霊が浮遊しているところに遭遇したことがあります。そのときは、「あっ、悪霊の匂いがするな」と〝気配〟を感じました。その気配をかすかにでも感じたら、悪霊が入って来ないように私たちも気配を殺します。

逆の言い方をすると、私たちが悪霊と同じようなものを持っていない限り、向こうには私たちが見えないわけです。「悪は絶対に正しい」などという境地にはなかなかなれませんから、向こうが私たちに気がつくこともないわけです。

しかし、プロの霊能者や本物の宗教家はやはり、「悪の闇」も「善の極み」も見えてくることを体験しますから、悪とは「交わらない、かかわらない、気にしない」ことに尽きます。

キリスト教が言う「悪魔」と、日本で言う「悪霊」は同じものですか？

基本的に同じ性質を持ったものですが、表現が違うだけです。

間違ってはいけないのは、悪霊のせいで罰が当たるとか、悪霊が不安定な人を一方的に脅かすというようなことはまずないということです。そのような人は悪霊も相手にしません。逆に不安定な人の目に見えるような悪霊もいません。

これに対して、悪魔に憑(つ)かれた人を除霊するというエクソシストは、キリスト教的な悪霊の話です。この場合、悪魔は古い先祖霊です。中東の先祖霊です。先祖霊が必要と思って、出てきたケースです。

背景にあるのは、キリスト教の後ろめたさです。キリスト教が悪魔とか悪霊と呼んでいるものは、キリスト教徒の先祖や古代ヘブライ人が滅ぼしてきた民間信仰の神々です。バアルとかベルゼブブとか、本来はすべて異民族の気高(けだか)き神々です。そうした異民族・異教徒と戦い、彼らの信仰を蔑(さげす)んで壊し、神々を抹殺してきた歴史がありますから、後ろめたさを持つのは当たり前です。

たとえばベルゼブブはもともと、中東の人たちからバアル・ゼブルと呼ばれ、「気高き主」とか「高き館の主」という意味でした。慈雨と豊穣（ほうじょう）をつかさどる最高神であったとされています。ところが、カナンの地に入植してきた古代ヘブライ人たちは、中東の人々の信仰を嫌って、バアル・ゼブルを異教徒の邪神と見なし、語呂（ごろ）が似ているバアル・ゼブブ、すなわち「ハエの王」と蔑みました。それが『旧約聖書』に記されたため、広くこの名で知られるようになったとのことです。つまり征服者の悪口から生まれたのが悪魔なわけです。

当然、征服者たちには罪の意識があります。しかも、征服された人たちの中には、霊の影響もあって突然先祖返りして、元の民間信仰に目覚める人々も出てきます。「バール！　牛神だ」とか言って。それはキリスト教徒にとっては、怖いはずです。後ろめたさに増幅された恐怖です。その先祖から受け継いだ恐怖心と後ろめたさから、キリスト教の人たちは今でも悪魔の夢にうなされるわけです。きちっと過去を捉え直し、後ろめたさがなくなれば、悪夢も見なくなります。

日本のいいところはそこです。異教徒だろうと異民族の信仰だろうと全部、破壊したりせずに何でも認めています。異なる信仰を蔑むような見方をすれば、「ゲゲゲの鬼太郎」に出てくる「子泣き爺（じじい）」も悪霊になってしまいます。鬼太郎自身も悪霊です。ねずみ男なんかは悪霊中の悪霊です。日本の悪魔や悪霊は大変明るいです。悪霊や怨霊すら神として祀(まつ)ってしまうのが日本です。

その一方で、すべての宗教を認めるということは、ストレスも多いということです。それをどう克服するかは、日本が直面している課題であると言えるかもしれませんね。

祖霊、インド系の古い先祖の出現

宗教にはそれぞれ、
似たような力を持った神や天使が出てきます。
元々は同じ力を持つ存在を
別々の名前で呼んでいるだけなのですか？

そういうケースは多くあります。
たとえば、キリスト教で言う「大天使ミカエル」は、
日本では菊理姫（きくりひめ）、別名・剣姫（つるぎひめ）です。

菊理姫は、「私は平和をもたらしに来たのではない。剣を投げ込みに来たのだ」という感じの神様です。仏教だとたぶん、弁財天（べんざいてん）とか十一面千手観音（じゅういちめんせんじゅかんのん）と呼ばれている菩薩（ぼさつ）に相当します。このあたりが広くはミカエルの霊統です。「自分の中にある邪心を切る」という性質も持っています。

人知を超えた働きの部分もありますが、たしかに言えることは菊理姫も国津神（くにつかみ）であるということです。大地の守護神です。ミカエルも宇宙から来たと言っているわりには地（じ）母神（ぼしん）的です。だから大地を鎮（しず）める専門家なのかもしれません。

日本独自に作られた神様もいます。

たとえば、アマテラス（天照大御神）は後から作られた神様で、「造化七神（ぞうかしちしん）」（天之御（アメノミ）中主神（ナカヌシノカミ）から豊雲野神（トヨクモノノカミ）までの七柱）にも入っていません。出雲族と出雲族の神をどう処理

するかという目的で戦略的に作られた神様です。

そうではあっても、今やアマテラスオオミカミは日本の立派な守護神です。平将門や天海僧正が東京の守護神であれば、アマテラスは日本の守護神です。アマテラスオオミカミに念じると、それなりの響きはあります。

でも本来は、国常立神が現在の日本の守護神です。国常立は「今・ここ」の神様です。今神です。年神とか月神とかはいますが、今神は国常立神です。やはり今神を把握しなければダメです。今この場を取り仕切っている神様は誰かということを常に意識するべきです。「今・ここ」がないと、未来はないからです。

国常立神は、キリスト教では天使ガブリエルと似たところがあります。マリアにキリストの受胎を告知したことから見ても、今神ですからね。どちらにも、今に集中するヘビーな感じがあります。今この瞬間にガッと止める感じがします。だからどちらも厳しいです。私たちは国常立神とはあまり感応しませんが、いつもフラフラしている人には良い効き目があると思います。シャキンとするはずです。

いずれにしても、そうした同じ系列の神や霊的存在というのは、どこの国にも、どこの文化にも見ることができるはずです。ただ、名前などの表現が違うだけなのです。

宇宙人は何をしに地球に来ているのですか？

未来人である宇宙人は〝先祖供養〟に来ているようなものです。

一九五〇年代の初頭のことです。ジョージ・アダムスキーをはじめ多くのアメリカ人が宇宙人と接触（コンタクト）しました。当時全米に広がっていたアマチュア無線網によって、宇宙人のものと思われるメッセージがたくさん傍受されました。

その多くの中で、メッセージはたった一つ。「危ないから、原子力には気をつけなさい」ということでした。その主張一色だったのです。

ところがそのころのアメリカの主流の世論と言えば、「原子力は夢のエネルギー。原子力バンザイ」というものばかりでした。これに対してUFOコンタクティーたちは、猛然として「危険だ」と言い続けました。

このコンタクティーは、自分たちがコンタクトした宇宙人は金星や木星、土星、水星、火星などから来たと主張したためバカにされたり、蔑（さげす）まれたりして、その大切な叫びは世の中に届きませんでした。

しかし、宇宙人の多くが未来から来ているのだとしたらどうでしょう。これらの惑星には人が住んでいて、彼らは私たちの子孫かもしれません。

そうだとすれば宇宙人は、このままで行けば地球人が何十万年も被曝することを知っているのです。すでに被曝して亡くなった地球人と、これから被曝する地球人の〝供養〟に来たようなものなのです。その直接の影響は、四、五千年先に出てきます。それも今ここにいる地球人のバカさ加減によってもたらされます。

原子力は本来、命を懸けても封印しなければならない技術なのです。ましてや、人間の悪想念を吸収して大きくなる性質を持つのが原子力です。原子力問題から、人と人との根深い諍いが生じやすいということです。

原子力は、非常に激しいエネルギーです。その激しさは、とても凶暴です。人間の想念も原子力と深くかかわることによって、凶暴になりやすくなります。そもそも兵器として戦争なんかに使うのは言語道断です。

逆に言うと、原子力というものを、本当に人間がコントロールできるレベルでエネルギーとして活用したいのであれば、使う人たちがみんなで話し合って決めなければダメです。一部の人が一方的に決めてはいけないのです。

現状は、見るからに反対する側は敵意をむき出しにして「反対！」と叫んでいるし、推進する側もムキになって「推進！」とやっています。人間の想念を乱暴にしやすくするという原子力の魔法に人類は既にかかってしまっているのです。

その人間の凶暴な想念の間を、巨額のお金が動き回っているわけです。アメリカの事情、中国の事情、ロシアの事情、日本の事情が、うごめき合っている状態です。原子力には巨大な邪霊が巣くっています。こんなことを続けていたら、いつか人類は滅びます。

未来人はそんな私たちの姿を見て、「邪霊退治」という供養に来ているわけです。邪霊によって苦しむ人類の想念の供養でもあります。

それはまさしく現代版ヤマタノオロチ退治です。原子力は大暴れしているヤマタノオロチそのものです。その邪霊に鎮まってもらいたいから来ているわけです。だから原子力を棄てられないのであれば、丁寧に霊的な浄化を行うことです。

もちろん、大惨事は未来において避けられるのかもしれません。それを決めるのは私たちの意志です。

原子力を全く活用するなとまでは言いません。しかし、激しく危険なものである原子力エネルギーをどうしても使いたいというのであれば、人類がその激しい霊的なものを理解して律しないといけません。

それができない限り、原子力を使うことは人類の滅亡につながります。「原子力の推進」と「霊的世界の理解」はセットなのです。

原子力推進派で、利権に浸ってお金をガッポガッポもらっている人がいます。そういう人は、例外なくきちっと呪われます。

呪われるとはどういうことかというと、脅かしではなくて、民衆の怒りを背負うということです。それが責任、責められることを任されるということです。

それに耐えられないのに原子力を推進しているのだとすれば、精神的にも肉体的にも破綻します。苦しむことになります。それがその人のやらなければならない仕事の意味となります。それだけは覚えておくことです。

霊能力は、歴史的には どう評価されてきたのですか？

日本はかつて明治時代くらいまでは霊術大国でした。霊能力は日本の伝統文化でもあったのです。

明治、大正時代までは、民間療法としても広く霊能力は認められていました。ところが明治維新以降、西洋科学の唯物的思想が入ってくると、しだいに科学的な根拠がない霊能は官憲の取締りの対象になるようになりました。

大正時代には、超能力やヒーリングの実験をする場合は警察官を立ち合わせました。ところが、それを実行した警察官や警察署長の中には、逆に霊能者に惚れ込んでしまい、警察署に呼んで、霊能者に警察官のトレーニングをさせるケースもありました。そうした記録が数多く残っています。行政の上層部の人たちが、霊能者のすごさに心酔してアドバイスを受けるようになったのです。

当時でも「ある・なし論争」があって、認める人はとことん認めるし、認めない人は頑として認めないという混沌とした状態があったのは事実です。

調べてみると、学者側でこういう意見を取りまとめて、体系化しようとした人は二人います。

一人は催眠術で学術論文『催眠心理学』を書いた福来友吉〔一八六九～一九五二年。東京帝国大学で教鞭を執った超心理学者〕です。念写実験で有名な学者ですね。

当時、東京帝国大学の心理学科は哲学科の中にありました。その研究機関誌を読むと、その第一号には自動書記で神懸かって書いた人の文章が紹介されています。当時は霊的な研究をすることは当たり前だったのです。そういうものを含めて心理学でした。少なくとも「ある・なし論」ではありませんでした。

どのような原理が働いているのか、とにかく研究しようという機運がありました。当時福来たちは、この霊的なエネルギーが物質的なものであると思って念写の実験をしました。学問で言うと可知論の範囲内であると思ったわけです。

もう一人の学者は、小泉八雲に師事し東京帝国大学英文学科を卒業した浅野和三郎〔一八七四～一九三七年〕で、「日本の心霊主義運動の父」とまで称されている学者です。帝大生時代に啓示で小説が最初の文字から最後の文字まで一瞬で頭の中にインストールされるという神秘体験を経験した話は前に紹介しましたね。

浅野は出口王仁三郎に感化され大本教に入りますが、その後、王仁三郎と大げんかして袂（たもと）を分かちます。ただ浅野は福来とは異なり、学者でありながらも、霊界研究をやらなければダメだと考えました。彼にとっては、霊界は不可知論（ふかち）の世界です。人知が及ぶことのできない世界でした。それでもその手前くらいまではちゃんと解説しなければいけないとも考えていたようです。

つまり、学者の中でも可知論とした福来と、不可知論だとした浅野の二人が両極にいたわけです。これを〝横軸〟にします。

学者は学術志向です。彼らは原因究明が目的です。ところが、学者の中でも自分が能力者になってしまった人もいます。呪術的、ご利益探究に向かった人たちもいました。学者の中でも原因究明志向と呪術志向・ご利益探究派とに分かれたわけです。

これを〝縦軸〟にして四象限に分けてみました。それで分類してみたら、大正期の霊術家たちは、西洋思想の影響で催眠術が海外から入ってきて、人間の未知の能力は術としてコントロールできると考えました。考え方としては福来に近いです。可知論側ですが、かつご利益志向の人が多かったことがわかりました。私が調べた明治・大正期の霊術家の九割方はそうでした。

その一方で、大本教（新宗教「大本」）の出口なお〔一八三七～一九一八年〕、天理教の中山みき〔一七九八〜一八八七年〕、天照皇大神宮教の北村サヨ〔一九〇〇〜一九六七年〕といった教祖は、不可知論的な神的霊的世界を説き、実質的なご利益をもたらしました。

不可知論の神学とか宗教学の中では、不可知論を手前に置いていても、原因究明をやった学者もいます。可知論で原因究明をやった福来もいます。

今の日本人も分類すると、可知論でありながら呪術・ご利益志向が非常に多いです。簡単に言うと、大学で唯物的な学問を学んでいるのにもかかわらず、初詣（はつもうで）やお墓参りに行く人たちが多いはずです。学術的に考えなければと思っているけど、ご利益は欲しいし、パワースポットを訪れて何とかして運を良くしたいと思っているわけです。ご利益志向だけど、何かと学術用語を使って説明したがる人たちです。

霊能力・超能力研究は立ち往生している

これとは別に「宗教学」という学問もあります。宗教学は宗教を学ぶ学問ではなく、宗教を批判的に見る学問です。大本教を最初に論じた安丸良夫（やすまるよしお）〔一九三四〜二〇一六年、歴史・宗教学者〕など左翼の人も多いです。

私が宗教学を学んだ大正大学は、僧ではあるが宗教を客観的に見るとして研究している方々がいました。住職が自分の宗派でさえ、ある程度客観的に見るという宗教学の修行をしているわけです。

超能力を研究する超心理学という学問は、明治大学に開設されています（情報コミュニケーション学部大学院メタ超心理学研究室）。その超心理学の世界では何が起きているかというと、超能力を統計学的、物理学的に扱いますが、超心理学会で活躍している学者は〝手品師あがり〟が多いのです。手品師が超能力者をやっつけるために超心理学を乗っ取った状態が続いています。その実情を解（わか）っていない研究者が多いです。

超心理学とは要するに、批判的・懐疑的に超能力を見る学問です。テレビでオカルト批判論・否定論をさかんに展開している某教授よりもっと批判的です。

それは仕方がないと言えば仕方がありません。科学には科学の枠があるからです。チェスや将棋と同様に、科学にはルールが決まっています。その最大最高のルールは、「誰がいつやっても同じことが再現できる」というものです。その結果、心理学の大家であったユングやジークムント・フロイト〔一八五六〜一九三九年。オーストリアの精神医学者〕も今では事実上、科学者から外されてしまいました。

心理学そのものを科学から外したいと思っている人たちもいます。極端なケースでは、「不確かな統計でしか追究できないようなものは、学問ではない」とすら考えているようです。

そのため最近は、アメリカが決めた統計の取り方の基準があって、それで統計を取って有意な曲線が出ない限り、法則性としては絶対に認知しないというルールになっています。

ところが、その統計の取り方では、「あなたは吊り橋の真ん中で愛の告白をされたら惚れやすいですよね？」というような問答の統計を取ります。心理学で「吊り橋効果」とされているものですが、不安な心理状態のときに愛の告白をされると惚れやすいというわけです。

しかしその問答でさえ、現場のインタビュアーがどう聞くかによって答えがまったく変わってきます。聞かれたほうにも、そのときたまたま体調が優れなかったりする人が多くいたりして偏った（かたよった）データが出た場合はどうするのか、という問題が起きます。また春先と冬場でも恋愛衝動は変わってきます。そういう要素はまったく考慮されないのが実情です。

心を扱う学問であるにもかかわらず、心を除外して統計で示そうとすること自体に問題があるわけです。

かつ、最初の統計が心理学で間違っていた場合でも、それを心理学者がマスメディアで発表すると、一般の人はその説に乗っかってしまいます。すると、間違った統計が多くの人々に信じられて独り歩きしていきます。それが非常にはっきりしているのが「血液型性格判断」です。

血液型性格判断には不思議ないきさつがあって、実は戦前、旧日本軍が東京女子高等師範学校（現お茶の水女子大学）の古川竹二（一八九一〜一九四〇年）という心理学の教員に作らせたものなのです。作らせた理由は、「単一民族論」を説きたかったからです。日本人の単一民族説はいまだにはっきりしないところがあります。学術の世界では、日本人の定義、日本の定義はいまだにあいまいさを含んでいます。

当時、旧日本軍は日本人にA型が多いことに目を付けました。「日本人は大陸の民族とは違うぞ、特別な民族なんだぞ」と喧伝しようとしたわけです。そこで「A型の人は、A型の性格を持っている」という論理を構築させようとしました。

A型の性格はどういうものかというと、当時の日本人が理想の日本人だと思っていた性格です。「奥ゆかしくて、非常に繊細で、かつ優しい」といった、肯定的な性格を全部列挙したものをA型としました。

B型は当時、中国人をはじめとする大陸の人に多いと信じられていたので、「自己主張ばかりして、相手の言うことを聞かない」という性格を当てはめました。

O型は欧米に多いので、「鬼畜米英」の世相によって、「一見は紳士淑女にみえるけど、内心で考えていることは悪魔のように残忍で、しかも〝むっつりスケベ〟だから要注意」というような性格にしたわけです。

ところが、このいい加減な血液型性格判断が一〇〇年近く信じられてしまいました。それでどうなったかというと、仮にマジックミラー越しにいろいろな血液型の人を十人くらい集めて、行動を観察する実験をしたとします。すると、一時間も経たないうちに、A型は信じられてきたような性格の傾向が出てくるなど、それぞれの血液型の性格を示す行動パターンをするようになってしまうのです。

これは単なる催眠術と同じです。偏った意図によって統計にされたものが、人々を騙し続けていいます。それも、すべて怪しい「日本人単一民族論」から発生した虚構なわけです。科学が暴走するとこうなってしまうという典型例です。そういう例はたくさんあります。

科学と信じられているモノでもインチキはあるのです。霊能力や超能力の研究は、まだスタートラインに立ったものの、立ち往生しているというのが現状なのです。

あとがき

精神と物質、超能力と科学

霊的能力が当たり前になる時代は必ず来る

「スプーン曲げ」は一九七〇年代にかなり強烈に「精神を信じるか、信じないか」「精神力は物質を直接、凌駕することができるかどうか」「精神は物理的な力なのかどうか」という論争を巻き起こしました。企業や官庁も動き出し、超能力の実用化を目指す動きもありました。

ところが、その超能力や霊能力を真剣に前向きに研究するはずの超心理学者がその動きを元に戻そうとしています。超心理学者は、当時の批判論者よりも超能力に対して批判的で、「自分が立ち合って実験に成功しない限り全部嘘です」と言わんばかりの態度を取っています。

ですが、私たち能力者からすると、「なぜ証明しなければいけないのか」と思うわけです。大衆や学者の前で証明する必要など何一つありません。そういう力があることは、私たちにとっては自明の理なのです。疑うなら、自分でその力を使ってみなさい、と私などは思います。それが一番、手っ取り早いです。

そもそも証明できないことは存在してはいけないなどという態度は、科学の傲慢さそのものです。

スプーン曲げ騒動があった一九七〇年代は、科学が絶対権力になった時代でもありました。対抗馬であった宗教は、すでにどの教団もボロボロでした。しかし、そういうときにこそ、常に目を光らせないと科学は暴走します。

かつて新興宗教が絶対権力だった時代、一部の新興宗教は陰ではいろいろとひどいことをしていました。そのしっぺ返しで、信用を失ったわけです。科学もそのうち同じことになります。「合理的だ」などといいながら、「理系だけが学問だ」といった不遜な連中も出てきました。精神論を廃して、学生をどんどん唯物論に追い込もうとする動きがあります。

すでにしっぺ返しは起きています。それがメリメリと音を立てて出てきているのが、チェルノブイリや福島の原発事故です。今ごろになってようやく思い知ったかという話です。

一方、超能力も危うさを孕んでいます。軍事利用で本格的に使われだしたら、危険なものになるからです。やはり生身の人間の力と科学的な思考というのは、常により良いハーモニーを考えていかなければならないのです。

「人類を幸せにしよう」という本来の大目的が失われつつあるように思われます。「偉くなりたいから科学者になる」とか「お金を集めたいから宗教をやる」などという話ばかりが世の中に溢れています。

残念なことに「人類を幸せにしよう」と本気で思っている人は支持されない傾向があります。逆に「みんなを幸せにします」というコマーシャルが巧みな人に、人々は騙されるのです。「本当はお金をまき上げたい。オレの権力のためにオマエたちを利用するんだぞ。騙されて協力しろ」みたいな人に本当に騙されているのが現状です。大手企業だから安全・安心などという愚かな考えを、若い人ほど持ってしまっています。

企業は利益のためなら何でもやるし、メディアは面白ければ何でもやります。こうなれば私たちとしても、超能力をいかに利益のあるものにし、かつ面白いものにするかしかないと考えています。

そのためのベースは「いかに安全に、いかに楽しくするか」です。もともと宗教には、施しを楽しくあげたり、もらったりするという文化は、世界中どの宗教を探してもありません。「苦しみながら施しなさい」とか、「苦しみながら施しをもらう」という「行(ぎょう)」が多いように思います。そうではなくて、楽しく施しをして、楽しく施しをもらうというように、楽しさと幸せを合致させる必要があるわけです。

施しをしたり、もらったりする側の後ろめたさを消す努力も必要です。施しを受ける側の人の中にも、「オマエらはゆとりとお金があるんだから、施しをして当たり前だ」などと考える人もいます。施しをする側も、世間体などからいやいやながらするケースがあるように思われます。

端的に言うと、力のない人ほど我欲が強く、お金を持って権力もある人ほど慈悲の心がありません。権利主張ばかりする人に何かを与えると、彼らはたとえ満腹でもむさぼり食うものです。そういう意味では、力ある者も、力なき者も、心が破綻(はたん)してきています。すごく危険な時代です。幸せという概念そのものがどんどんわからなくなってきているようです。幸せであることを維持するためのノウハウが、見えない世界や宗教的世界に伝わってきているはずなのに、このありさまです。

霊能的な世界が存在することは、体験論的科学ではそれなりに検証されてきているはずです。中には〝インチキ〟もあったでしょう。だけど〝ホンモノ〟は常に目の前にあります。だからこそ本物で優秀なモノは生き残ってきたのです。

後はみなさんが気づけばいいだけです。人間の潜在意識では、宇宙規模でシンボルのやり取りが行われているのです。そういったものを解析する科学が、かなり面白いところまで来ています。それなのに、既存科学が怖がってそれを認めたがらないのはもったいないことです。

近年になって、霊的能力と科学の架け橋を築こうとしたユングが批判されている背景にはそうした恐れがあります。ユングが言うように、アーキタイプが潜在意識の言語なのだという考え方は捨ててはいけないと思います。

誰もが霊能力や超能力を当たり前のように使えるようになる時代は、すぐそこにまで来ています。この本が、その来るべき未来世界の礎(いしずえ)の一つになることを切に願っています。

二〇一七年六月

秋山眞人

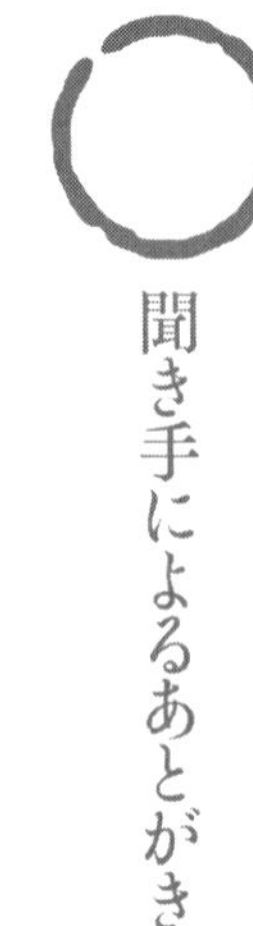

聞き手によるあとがき

秋山眞人氏の秘かな反撃

集大成へと向かう秋山ワールド

不思議なことに、秋山眞人氏に会って話をすると、私にも霊能的な力があるのだということを思い出す。その霊能的な力に私が目覚めたのは、小学生のときであった。ジャンケンをする際に、何げに相手の頭のすぐ斜め上の空間をボーっと見ていると、そこに映像が現れたのだ。その映像はセピア調のほぼ透明に近い映像であったが、はっきりと拳(こぶし)の「グー」が見て取れた。

である。

その瞬間に、私は相手が「グーを出そうとしているな」と察知して、パーを出して勝ったのである。

それが連続して五、六回続いたので、私は得意になって友達に自慢した。友達は当然、信じることはできず、「じゃあ、試しにオレとジャンケンをして勝ってみろ」と言う。そしてやってみたら、今度は全然、映像が浮かばなかったのだ。友達は「そら見ろ。やはり嘘だった。インチキじゃないか」と勝ち誇る。だが、私には確かに映像が見えたのだ。

ではなぜ、それを検証するジャンケンの際には映像が現れなかったのか——当時の私にはそれを説明することができず、悔しい思いをしたことを今でもはっきりと覚えている。

このときの悔しさを何倍にもしたような悔しさともどかしさが、中学時代の秋山氏にはあったのだろうなと、つくづく思う。

その秋山氏を最初に取材してからもう三十年以上が経つ。それは一九八六年の夏ごろであっただろうか。

当時、記者として共同通信社の地方支局勤務だった私は、日本最大の超常現象（サイ現象）専門の学会である「日本サイ科学会」の会報「サイジャーナル」に秋山氏による驚くべき体験談が掲載されているのを見つけた。とにかくその体験たるや、宇宙人とテレパシー交信をしたかと思うと、街中に呼び出されて直接宇宙人に出会い、最後にはその宇宙人のＵＦＯに乗せてもらい、彼らの惑星を訪問したという想像を絶する体験談であった。

この秋山氏の体験が本当なら、大ニュースである。

早速私は秋山氏を探し出し、取材の約束を取り付けた。場所は、東京・新宿のとある喫茶店。初めて出会った秋山氏は、私とほぼ同年代で、ほのかな優しさの中に静かな自信を持った若者であった。ちょっとした挨拶を交わした後、「サイジャーナル」に書かれた記事は本当の話なのか聞いたところ、秋山氏は「本当の話だ」と述べた。そこで秋山氏の体験談を記事にしたいと申し入れたところ、秋山氏からは次のような答えが返ってきた。

① 日本サイ科学会で講演したのは、同学会が積極的、かつ真摯に超常現象の研究に取り組んでいるからである。

② 大手のメディアに語らないのは、メディアが最初は「本物だ」と持ち上げても、すぐに「インチキだ」と決めつけてつぶす傾向があるからである。

③ したがって、実名で報道されては困る。

確かにメディアに身を置く一員として、思い当たることが多々あった。メディアはオカルトに非常に懐疑的である。特に〝良識ある〟大手メディアにはその傾向が強く、「UFOを見た」

という目撃者が出ようものなら、まず変人ではないかと決めてかかる。証拠写真があったとしても、捏造ではないかと必ず疑う。とりわけ目撃者が一般人である場合はなおさらだ。

それでもメディアは権威に弱いので、社会的地位にある人、たとえば日航の機長とか、水産庁の調査船が目撃したUFOであれば、それなりに取り上げるのだ。

秋山氏はどうであろうか。当時、ある出版社で社長秘書兼書籍編集長をしていたが、大手ではないし、秋山氏自身にそれほど知名度があるわけではなかった。つまり一般人扱いである。大手メディアとしては取り上げにくく、仮に取り上げることがあったとしても、捻じ曲げたり、茶化したりするのが落ちであった。

だから、「大手メディアで公にされたら、つぶされてしまう」という秋山氏の言葉には切実なものがあったのである。

私は実名で記事を書くことは諦め、匿名で何か原稿を仕上げることができないか模索した。秋山氏以外に同じような経験をしたという人を取材して、大きな流れとして宇宙人と交信する人が増えているのではないかというテーマの記事にまとめたのだ。だが、原稿は完成したものの、果たして「良識ある共同通信社」が私の原稿を出してくれるのだろうかという心配はあった。そこで、私が当時ただ一人知っていた大先輩の編集委員に打診してみた。その大先輩の答えは、案の定、「良識ある報道機関としては無理」であった。

それでもその大先輩は大変優しくて、私の原稿を読んでくれると言う。原稿を送ったところ、「わが社では出せないが、このように取材して原稿を書くのはいいことである。ますます励め」と言って、原稿を少しだけ添削して送り返してくれた。

せっかく大先輩が添削してくれた原稿である。何とかならないかなと思っていたら、ちょうど秋山氏が編集長を務めるムック『ボストン・クラブ』の「超能力と経営の科学」で投稿を募集していることを知った。こうして一九八七年の五月、「E・Tとの交信は可能か」という私の原稿が『ボストン・クラブ』に掲載されたのである。同年十月にはその続編も掲載された。

そしていよいよ秋山氏の驚異的な体験談を匿名で書こうとしていた矢先、私は本社の経済グループ（経済部、産業部、金融証券部）へと異動となった。一九八八年四月のことであった。

本社への異動が決まったことによって、私の生活もガラリと変わった。地方支局勤務ではけっこう暇な時間があったので自分の好きな取材もできたが、本社勤務はそうはいかない。どこを担当するかにもよるが、財務省や日銀を担当しようものなら一カ月の超過勤務時間が恒常的に一〇〇時間を超える。繁忙期は一四〇時間を超すときもある、超ハードな勤務が待っていた。

当然、そのような激しい長時間労働の中では、秋山氏に会う時間はなく、〝異業種交流〟は疎遠となった。

打ち上げられた反撃のノロシ

その後私は、一身上の都合で共同通信社を辞めて、アメリカの大学院を二つ修了し、日本に戻ってきた。二〇〇〇年からは「ニューズウィーク日本版」の編集部に籍を置いて、エディターとして経済・ビジネス関連の企画や編集、校閲に携わった。だが、9・11テロ後の米メディアの報道ぶりに落胆したこともあり、二〇〇四年に仕事を辞めた。

秋山氏に再会したのは、その直後くらいであろうか。最後に会ってから実に十五年の月日が流れていた。秋山氏も会社を辞め、当時は池袋で「国際気能法研究所」という自分の事務所を開いていた。そして、私が一番驚いたのは、一九九七年に秋山氏がなんと『私は宇宙人に出会った』（ごま書房刊）という本を実名で出版していたことであった。ちょうど私がアメリカの大学院で勉強していたときだったので、知らなかったのも無理はなかった。

一九八〇年代はあれだけ実名での公表を拒んでいたのに、その時までには実名で、あの驚異の体験談を出版できる世の中になったことを知って、少し感慨にふけった。それ以来、秋山氏とは頻繁に会うようになった。

秋山氏に会うたびに驚かされるのは、非常にたくさんの本を読んでおり、博識だということだ。そのせいか、社会の裏事情にも詳しい。

私もかつては大学で英仏文学を専攻して文学青年の端くれであったから、本は好きでたくさん読む。アメリカの大学院に通っていたときも、これでもかというくらいに経済や政治、歴史の専門書を読まされもした。だが秋山氏のそれは、明らかに私をはるかに上回る読書量である。

その秋山氏が五十歳を過ぎたころから、「これまでの経験や知識を全部吐き出したい」と打ち明け始めた。「自分の寿命が明確にわかっているので、あと二十五年くらいかけて知っていることを全部話して本にしたい」というのである。

そこで私も微力ながらお手伝いをさせていただくことにして世に出したのが、『神霊界と異星人のスピリチュアルな真相』『あなたの自宅をパワースポットにする方法』『シンクロニティ意味ある偶然のパワー』(いずれも成甲書房刊)や『楽しめば楽しむほどお金は引き寄せられる』(コスモ21刊)であった。

その間、秋山氏は大正大学大学院・文学研究科に進み、宗教学を専攻した。そして晴れて今春(2017年)、修士課程を修了し、学問を受け入れる人生も歩み始めたのである。

かつて秋山氏は、学者からもてはやされたにもかかわらず、最後は突き落とされるという手ひどい経験を持つ。その秋山氏があえて学者の世界に足を踏み入れたわけだから、痛快な話だ。

秋山氏は、超能力者ユリ・ゲラーの著書『ユリ・ゲラーの反撃』を翻訳して出版している。まったく悪意はないが、秋山氏の密かな反撃が始まったのではないかと私は思っている。

実際、大学院修了と同時に秋山氏は私に「集大成的な本をドンドン出していきたい」とも言い始めた。その集大成に向けた第一歩として完成したのが本書である。

取材していて改めて思ったことは、「本物」はやはり非常に深みがあって面白いということである。「キツネ憑きの正体」や「祟りの本質」、「キリスト教の後ろめたさ」などの分析は、目から鱗(うろこ)が落ちる思いであった。

秋山氏は間違いなく本物の能力者である。本書を読んでもなお、秋山氏のような能力者をインチキだと非難するのであるならば、ピカソでもシャガールでも誰でもインチキだと糾弾(きゅうだん)すればいい。それは自由だ。だが、そう言うあなたはさぞや「本物の評論家」であり、「本物の能力者」であり、「本物の画家」であるのだろう。是非お手並みを拝見させていただこう。

二〇一七年六月　　　　布施泰和

◉著者について
秋山眞人（あきやま まこと）
1960年、静岡県に生まれる。国際気能法研究所代表。精神世界、スピリチュアル、能力の開発の分野で研究、執筆をする。世界及び日本の神話・占術・伝承・風水などにも精通している。これらの関連著作は60冊以上。2001年スティーブン・スピルバーグの財団「国際スタブライトファウンデーション」で多くの著名人と絵画展に参加、画家としても活躍。映画評論、アニメ原作、教育システムアドバイザーとマルチコンサルタントとしてＩＴから飲食業界まで、さまざまな分野で実績を残している。コンサルタントや実験協力でかかわった企業は、サムスン、ソニー、日産、ホンダなどの大手企業から警察、ＦＢＩに至るまで幅広い。現在、公開企業イマジニア株式会社顧問他、70数社のコンサルタントを行う。大正大学大学院博士課程前期修了（修士）。他にも米国の二つの大学より名誉学位が与えられ、国の内外で客員教授の経験もある。中国タイ国際太極拳気功研究会永遠名誉会長、世界孔子協会（会長・稲盛和夫氏）より、孔子超能力賞受賞。
秋山眞人の開運相談室
https://aki.yumeuranai.jp/

◉聞き手について
布施泰和（ふせ やすかず）
1958年、東京に生まれる。英国ケント大学で英・仏文学を学び、1982年に国際基督教大学教養学部（仏文学専攻）を卒業。同年共同通信社に入り、富山支局在任中の1984年、「日本のピラミッド」の存在をスクープ、巨石ブームの火付け役となる。その後、金融証券部、経済部などを経て1996年に退社して渡米。ハーバード大学ケネディ行政大学院とジョンズ・ホプキンズ大学高等国際問題研究大学院（ＳＡＩＳ）に学び、行政学修士号と国際公共政策学修士号をそれぞれ取得。帰国後は専門の国際政治・経済だけでなく、古代文明や精神世界など多方面の研究・取材活動を続けている。
ブログ「天の王朝」
http://plaza.rakuten.co.jp/yfuse/または
http://tennoocho.blog.fc2.com/

インチキ霊能者(れいのうしゃ)と
ホンモノ霊能者(れいのうしゃ)の
見分け方(みわけかた)

◉著者
秋山眞人(あきやままこと)

◉聞き手
布施泰和(ふせやすかず)

◉発行日
初版第1刷　2017年7月20日

◉発行者
田中亮介

◉発行所
株式会社 成甲書房

郵便番号101-0051
東京都千代田区神田神保町1-42
振替00160-9-85784
電話 03(3295)1687
E-MAIL　mail@seikoshobo.co.jp
URL　http://www.seikoshobo.co.jp

◉印刷・製本
株式会社 シナノ

Printed in Japan, 2017
ISBN978-4-88086-358-0

定価は定価カードに、
本体価はカバーに表示してあります。
乱丁・落丁がございましたら、
お手数ですが小社までお送りください。
送料小社負担にてお取り替えいたします。